LE

CLUB DES CORDELIERS

PENDANT LA CRISE DE VARENNES
ET LE MASSACRE DU CHAMP DE MARS

NOUVEAUX DOCUMENTS INÉDITS

PUBLIÉS AVEC DES ÉCLAIRCISSEMENTS ET DES NOTES

PAR

Albert MATHIEZ

PROFESSEUR D'HISTOIRE MODERNE A L'UNIVERSITÉ DE BESANÇON

SUPPLÉMENT

PARIS

LIBRAIRIE ANCIENNE HONORÉ CHAMPION, ÉDITEUR

5, QUAI MALAQUAIS, 5

1913

DU MÊME AUTEUR :

Les Origines des Cultes révolutionnaires. 1789-1792. Paris, Cornély. 1904, un vol. in-8.

La Théophilanthropie et le Culte décadaire, 1796-1802. Paris, F. Alcan, 1904, un vol. gr. in-8.

Contributions à l'histoire religieuse de la Révolution française. Paris, F. Alcan. 1907, un vol. in-8.

La Révolution et l'Eglise. Etudes critiques et documentaires. Paris, Armand Colin, 1910. in-8

Rome et le Clergé français sous la Constituante. La Constitution civile du clergé, l'affaire d'Avignon. Paris, Armand Colin, 1911. in-8.

Le Club des Cordeliers pendant la crise de Varennes et le massacre du Champ de Mars. Documents en grande partie inédits publiés avec des éclaircissements. des notes et une planche. Paris. H. Champion, 1911, gr. in-8.

Les Lois françaises depuis 1815 jusqu'à nos jours. accompagnées des documents politiques les plus importants en collaboration avec L. Cahen . Paris, F. Alcan. 1906, in-8.

La France dans les Temps modernes, La France contemporaine, cours d'histoire pour l'enseignement primaire supérieur, 1re et 2e années (en collaboration avec P. Brizon). Paris. Félix Juven, 1911, 2 vol. in-8.

Les Conséquences religieuses de la journée du 10 août 1792 : la déportation des prêtres et la sécularisation de l'état-civil (fascicule II de la Bibliothèque d'histoire révolutionnaire). Paris, Ernest Leroux, 1911, in-8.

La question sociale pendant la Révolution française. Paris, Cornély. 1905, une brochure in-16.

LE CLUB DES CORDELIERS

PENDANT LA CRISE DE VARENNES

ET LE MASSACRE DU CHAMP DE MARS

*EXTRAIT DE LA CORRESPONDANCE HISTORIQUE
ET ARCHÉOLOGIQUE*

Année 1912

Tiré à 200 exemplaires

LE
CLUB DES CORDELIERS

PENDANT LA CRISE DE VARENNES
ET LE MASSACRE DU CHAMP DE MARS

———

NOUVEAUX DOCUMENTS INÉDITS

PUBLIÉS AVEC DES ÉCLAIRCISSEMENTS ET DES NOTES

PAR

Albert MATHIEZ

PROFESSEUR D'HISTOIRE MODERNE A L'UNIVERSITÉ DE BESANÇON

———

SUPPLÉMENT

PARIS

LIBRAIRIE ANCIENNE HONORÉ CHAMPION, ÉDITEUR

5, QUAI MALAQUAIS, 5

—

1913

LE CLUB DES CORDELIERS

PENDANT LA CRISE DE VARENNES

et le Massacre du Champ de Mars

INTRODUCTION

Quand j'ai fait paraître en février 1910 un recueil de documents inédits sur le *Club des Cordeliers pendant la crise de Varennes et le massacre du Champ de Mars*, je ne croyais pas que je serais obligé de lui donner de sitôt un supplément.

J'avais publié la procédure du Champ de Mars d'après la copie qu'en avait fait prendre pour sa défense l'avocat Buirette de Verrières impliqué dans les poursuites. Mon ami M. René Farge m'avait signalé ce document conservé aux Archives nationales sous la cote F7 4622. Faute d'un inventaire de la série F7 et faute aussi de toute indication dans le Répertoire de M. Tuetey (1), j'ignorais qu'il existât des papiers de Buirette de Verrières dans d'autres cartons des archives. Je me suis depuis rendu compte que ces papiers remplissent non pas un seul carton mais cinq, les cartons F7 4621, 4622, 4623, 4624 et 4625. Il n'est pas un seul de ces cartons qui ne renferme des pièces intéressantes pour la

(1) Les sources manuscrites de l'affaire du Champ de Mars sont inventoriées dans le tome I (pp. 274-290) du *Répertoire général des sources manuscrites de l'histoire de Paris pendant la Révolution française*, publié aux frais de la ville de Paris. Les papiers de Buirette Verrières qui sont la plus importante de ces sources, n'y figurent pas. M. Tuetey n'a commencé à connaître ces documents qu'à partir de son tome VI, où il donne l'indication de différents dossiers d'affaires judiciaires confiées à Buirette. On peut être surpris que M. Tuetey n'ait pas signalé dans un erratum l'oubli involontaire qu'il avait commis dans son tome I. M. Tuetey craindrait-il de reconnaître que ses dépouillements n'ont pas toujours pu être complets ? Il n'en coûte rien pourtant à un travailleur consciencieux d'avouer qu'il n'est pas infaillible.

biographie de Buirette Verrières, pour l'histoire du club des Cordeliers et même pour l'histoire générale de la Révolution française. J'y ai puisé récemment la matière d'un article sur *Une candidature de Fabre d'Eglantine*, à Chevreuse, en 1790-1791 (1). Voici un aperçu de quelques dossiers qui m'ont paru mériter d'être signalés :

Carton F7 4621. — Dossier sur l'entreprise des eaux filtrées à la pointe de l'isle Saint-Louis à Paris, 1783, 1784, etc. (Verrières était le directeur de cette entreprise).

Dossier sur une entreprise de poudres et salpêtres.

Dossier sur les poursuites exercées contre Westermann en 1791. (Westermann eut pour défenseur Verrières).

Carton F7 4622. — Dossier sur le projet de banque nationale de Ferrières.

Dossier sur les petites loteries.

Dossier sur l'ancien commerce de Châlons.

Dossier sur les principes féodaux.

Dossier sur la réforme de la police de Paris au printemps de 1792 (2).

Dossier sur les poursuites exercées à la suite du meurtre de Simoneau à Etampes. (Verrières défendait la femme Langlois, une des principales inculpées).

Dossier sur l'affaire des poignards.

Dossier sur l'affaire des mouchards de Lafayette. (Verrières fut l'avocat de Santerre contre Lafayette et son aide de camp Desmottes).

Dossier sur les gardes françaises.

Dossier sur l'affaire de Vincennes (démolition du donjon).

Dossier sur l'affaire du Gros-Caillou (meurtre de deux hommes trouvés sous l'autel de la patrie au Champ de Mars, le matin du 17 juillet 1791).

Dossier sur l'affaire de La Chapelle (meurtre de contre-bandiers par les chasseurs des barrières).

Un dossier d'arrêtés du district des Cordeliers.

Carton F7 4623. — Plusieurs dossiers sur des prisonniers incarcérés à La Force à qui Verrières écrit qu'il ne peut défendre leur cause.

---

(1) *Annales Révolutionnaires*, octobre 1911.
(2) M. Tuetey a mentionné quelques pièces de ce dossier dans son tome VI.

Dossier sur la succession Du Bois du Buisset.

Dossier Armand Bourdin (janvier 1792).

Plusieurs dossiers sur des affaires antérieures à la Révolution et se rapportant à Reims et à Sainte-Menehould.

Minutes concernant le district des Cordeliers.

Dossier intéressant sur le club de Pontivy et sa correspondance avec les Cordeliers de janvier à avril 1792.

Procédure de l'affaire du Gros-Caillou dite aussi « affaire du Champ de Mars du matin ».

Procès-verbal de la séance du club des Ennemis du despotisme en date du 9 juin 1791 dans l'église du faubourg Saint-Antoine (au sujet de l'affaire Santerre-Desmottes).

Un dossier de procès-verbaux du club des Cordeliers en 1791 et 1792.

Carton F⁷ 4624. — Dossier sur l'affaire Périnet.

Dossier sur l'affaire Paulmier.

Dossier sur l'affaire de La Palun.

Dossier sur l'affaire de Montigny.

Dossier sur l'affaire Mingot.

Dossier sur l'affaire Mahieu.

Dossier sur l'affaire Thomas Mac Kenna et les écoliers irlandais compromis dans la profanation de l'autel de la patrie.

Dossier sur l'affaire Mabillote, Humbert et Le Tailleur.

Dossier sur l'affaire Loiseau.

Dossier sur l'affaire Leblanc.

Dossier sur l'affaire Lembleux fils.

Dossier sur l'affaire Lambert.

Dossier sur l'affaire Kaber dit Louvain.

Dossier sur l'affaire Guyot et Lecher.

Dossier sur l'affaire Guerdoux et La Boune.

Dossier sur l'affaire Gérome.

Dossier Fournier l'Américain (ses réclamations à l'Assemblée nationale au sujet de sa plantation aux Antilles).

Dossier Feron.

Dossier Elhser, Larmonier, Froment, Portier, Laudier, Delaneuville.

Dossier Dubreuil.

Dossier veuve Doira.

Dossier Dodouet.

Dossier demoiselle Colombe contre Etienne.

Dossier Charles Chevrier, cocher.

Dossier Chauveau et Bailly.

Dossier Jean Caumont.

Dossier Cantagrelle.

Dossier Burette.

Dossier Botot, juge de paix de la section du Temple.

Dossier Ansberg.

Carton F⁷ 4625. — Gros dossier très important sur Rottondo depuis 1790 jusqu'en 1792.

Affaire Ruteau, 1791.

Papiers personnels de Verrières.

Cette liste est loin d'être complète. Telle quelle cependant elle peut rendre quelques services aux chercheurs.

Dans tous les cartons sont disséminés des documents importants à connaître pour l'histoire de l'affaire du Champ de Mars.

Un cahier de soixante feuillets écrits au recto et au verso renferme la procédure de l'affaire du Gros-Caillou. L'information se poursuivit les 25, 26, 27, 28, 29 et 30 juillet, les 2, 4 et 5 août 1791 parallèlement à celle qui concernait l'affaire du Champ de Mars proprement dite. On entendit 43 témoins.

Un autre cahier consacré à la même affaire du Gros-Caillou comprend 12 feuillets et s'ouvre par la plainte de l'accusateur public contre les auteurs de l'assassinat des deux individus trouvés sous l'autel de la patrie.

Enfin le même carton F⁷ 4623 renferme encore les procès-verbaux de la section des Invalides sur les mêmes faits.

Tout ce dossier mériterait peut-être d'être publié.

Pour aujourd'hui, je me contenterai de rassembler les pièces qui concernent le club des Cordeliers et l'affaire du Champ de Mars proprement dite, celles qui éclairent le côté politique et judiciaire du sujet.

J'ai essayé de savoir comment les papiers de Buirette de Verrières sont entrés aux Archives nationales. Puisqu'ils sont catalogués dans la série F⁷, il est évident qu'ils ont été saisis à la suite d'une perquisition judiciaire ou administrative. Mais quand et pourquoi a eu lieu cette saisie ? Rien ne nous renseigne à cet égard dans les papiers conservés dans les cartons que j'ai consultés. J'ai seulement rencontré dans le carton F⁷ 4623 une lettre du commissaire général de police dans les ports de la Manche et du Pas-de-Calais adressée au

Grand juge le 10 prairial an XII. Cette lettre ne semble pas avoir de rapport direct avec Buirette de Verrières. Il est évident cependant que sa présence dans ce carton n'est pas fortuite. Est-ce à la fin du Consulat que les papiers Verrières furent saisis? Peut-être. J'ai perdu toute trace de l'activité politique de Verrières après la Terreur (1).

Besançon, 6 octobre 1911.

(1) Une recherche que j'ai fait faire aux Archives nationales n'a donné aucun résultat. On m'a communiqué un arrêté du Premier Consul en date du 25 prairial an VIII nommant receveur particulier des contributions à Sainte-Menehould *Buirette* préposé actuel du même arrondissement (AF IV, 16). Mais rien ne dit que ce Buirette soit le nôtre. On m'a signalé aussi un autre arrêté du Premier Consul en date du 27 messidor au VIII nommant Jean-Baptiste Buirette greffier de paix au tribunal de Sainte-Menehould (AF IV, 66). Ce Buirette n'a rien de commun avec le nôtre qui ne s'est jamais appelé Jean-Baptiste.

Depuis que cette note était écrite, j'ai rencontré dans Buchez et Roux, t. XXVIII, p. 395, la mention suivante : « Le 28 juillet 1793, le cœur de Marat et celui de Verrière furent provisoirement suspendus à la voûte du club [des Cordeliers]. Ce Verrière était l'avocat que nous avons vu plaider pour Marat en 1791... »

I

La saisie du mobilier de Verrières

Une dizaine de jours avant la fuite de Louis XVI à Varennes, un des orateurs les plus écoutés du club des Cordeliers, le familier de Marat et de Fréron, l'ennemi de Lafayette contre qui il avait défendu Santerre dans l'affaire Desmottes, l'avocat populaire Buirette de Verrières, en un mot, faillit être saisi par autorité de justice pour une minime dette de cent francs qu'il s'obstinait à ne pas payer depuis plusieurs mois.

La vente de ses meubles fut annoncée par l'affiche suivante de format petit colombier :

V E N T E

en vertu

de deux jugements

du juge de paix

de la Section du Théâtre françois

de quelques meubles et effes (*sic*) saisis sur le sieur

Verrières

homme de loi, défenseur officieux

au coin des rues de Condé

et du Théâtre françois

Le Samedi 11 juin du matin.

Cette vente consiste en un poële de fayence et ses tuyaux de tôle, une table de bois de sapin, un grand miroir de toilette, une table de nuit, une commode de bois de noyer, cinq chaises de paille, une petite table à écrire de bois de noyer avec son tiroir, et autres menus meubles et effets, ne méritant pas de description.

De l'imprimerie de Gueffier, quai des Augustins, n° 17.

(Archives nationales, F⁷ 4625).

Le ci-devant seigneur engagiste, l'ancien directeur de la compagnie des eaux filtrées à la pointe de l'isle Saint-Louis, n'avait qu'un mobilier bien mince. L'ancien régime ne l'avait pas enrichi. On s'explique qu'il soit devenu révolutionnaire.

La vente cependant n'eut pas lieu. Le club des Cordeliers s'émut de l'humiliation qui allait atteindre un de ses chefs. Verrières lui représenta que c'était un coup monté par ses ennemis, par les mouchards de Lafayette. Un clubiste fortuné Barthélemy paya généreusement de sa bourse les cent francs que devait Verrières et la saisie n'eut pas lieu. Verrières retrouva son assurance et se promit de se venger de l'insolent huissier qui avait procédé à la saisie. Il le dénonça au juge de paix de la section du Théâtre français et demanda sa révocation dans une lettre curieuse qu'il faut reproduire *in extenso*.

A Monsieur le juge de paix et Messieurs les assesseurs de la section du Théâtre françois.

Claude-Remy BUIRETTE VERRIÈRES, deffenseur officieux, demeurant rue de l'Egalité,

dit que le nommé Viel, huissier de votre tribunal, ayant poursuivi l'exécution d'une de vos sentences qui avoit condamné l'exposant à payer à Mademoiselle Malescot une somme de 100 livres pour façon de rubans à la nation, marqués des lettres *h* et *d*, houdan, commandés pour le sieur Polisse, alors président du Comité de la ville de houdan, l'exposant avoit dans l'intervalle des poursuites, adressé et fait adresser différentes lettres à houdan pour obtenir le payement de cette somme qu'il n'a prolongé que pour n'en point faire l'avance,

Que les poursuites ont été suivies de la saisie et exécution de ses meubles ; que l'huissier Viel, après des formalités dont l'exposant ne se plaît à parler que pour dire qu'on les a toutes épuisées, a enfin procédé réellement à la vente des meubles saisis et vendredy 10 du courant il paroit que la signification de vente a été faite, puis que le soir vers 10 heures l'exposant fut prévenu qu'il y avoit 4.000 affiches de la vente de ses meubles, imprimées et prêtes à être mises le lendemain dans toutes les rues,

L'exposant ne voulut rien en croire, mais on insista en luy disant que c'étoit un tour de quelque ennemi et que c'étoit une méchanceté bien combinée,

Il se permit encore d'en douter, croyant réellement et de

bonne foy en l'honnêteté de l'huissier Viel, sur laquelle il avoit pour garant, la confiance dont il étoit honoré par vous, Messieurs..., cependant un peu après il fut engagé à voir cet huissier, il se rendit donc chez l'huissier Viel qui le reçut avec toute l'indifférence dont il peut être capable, l'exposant luy demanda jusqu'au lendemain matin; réfus formel; autre instance, nouveau réfus et réfus absolu. Il étoit tard, l'exposant le quitte, ayant eu pour toute réponse : je n'en suis plus le maître.

L'exposant vient au club des Cordeliers, y annonce que demain il parlera près de deux heures pour réplique dans l'affaire du s^r Santerre et invite tous les citoyens au plus grand respect pour la loy et à faire maintenir autour d'eux à l'auditoire le silence et l'ordre; puis il annonce qu'il paroit que demain, pendant qu'il parlera, on doit vendre ses meubles pour 100 livres, aussitôt on fait la motion que le club doit s'empresser de prévenir cette insulte à un bon patriote. L'exposant insiste que ce n'est point pour la somme qu'il parle, mais pour l'indignité de la démarche et surtout des affiches dont on luy avoit annoncé la multitude.

Le lendemain samedy la somme a été payée à l'huissier Viel à 7 heures un quart avec 7 liv. 18 s. de frais liquidés. La quittance a été faite avec la mention que *c'étoit des deniers de M. Barthélemy, membre du club des Cordeliers et au nom du club*, afin que cette société pût en son nom et en l'absence de l'exposant poursuivre la réparation de cette injure faite à un de ses membres dont les jours étoient alors menacés.

Cependant toute la capitale a été inondée des affiches de la vente des meubles de l'exposant ; son nom y a été désigné en grosses majuscules avec une affectation odieuse ; son état, ses fonctions y ont été caractérisés comme pour insulter à l'usage qu'il fait de son patriotisme et de quelques talens pour deffendre les opprimés et les bons citoyens.

Ces affiches ont été placardées aux Minimes, dans le corps de garde, dans les galeries du tribunal, dans les avenues, à toutes les places de la ville, de manière à imprimer au nom et aux fonctions de l'exposant l'opprobre et le discrédit, eh ! quel jour, à quelle heure ? au moment où l'exposant attiroit l'attention de toute la capitale comme deffenseur du s^r Santerre. Ses partisans ont dû blâmer son choix et mépriser son deffenseur, ses ennemis ont dû triompher de cette humiliation pour le sieur Santerre, compromis avec un homme décrié par une affiche ainsy publique : les indifférens ont dû mésestimer le s^r Santerre et son deffenseur jugé dès lors indigne de la confiance et certes rien n'influe autant sur la confiance publique et particulière. Jugez de là, Messieurs, quels funestes effets a eu pour l'exposant une atteinte aussy grave à la considération dont il jouissoit et qu'il avoit méritée par une conduite distinguée depuis la Révolution ! Comment réparer un tort aussy réel ! Comment l'indemniser de la perte qu'il en a éprouvée et qu'il en éprouvera, elle est inappréciable, elle est irréparable. Votre justice même sera insuffisante, quelqu'en soit la sévérité envers l'huissier Viel.

Ce considéré, Messieurs, vu la notoriété des affiches et l'insulte grave et humiliante que l'exposant a reçu, le tort qu'il en a éprouvé dans l'opinion publique, le discrédit de son état et de ses fonctions, et attendu que l'usage et les principes admettent en pareil cas de ne point dénommer la personne et que celuy de l'exposant n'a été mis que par l'affectation la plus maligne, en gros caractères, condamner l'huissier Viel en 30.000 livres de dommages et intérêts, ordonner que votre jugement à intervenir sera imprimé et affiché au nombre de 3.000 exemplaires aux frais dudit huissier et attendu qu'il a compromis la dignité, les principes et les sentiments d'égards envers les citoyens dont votre tribunal donne chaque jour des exemples, interdire de ses fonctions l'huissier Viel, comme indigne de participer aux fonctions honorables que la loy et l'estime des citoyens ont conféré à tous les membres de ce tribunal et aux officiers ministériels attachés.

VERRIÈRES (1).

(Archives nationales, F⁷ 4625).

---

(1) Cette lettre n'est pas datée.

Au dossier figure un commandement de l'huissier Viel en date du 10 juin 1791 ordonnant à Verrières de payer à la demoiselle Marescot, marchande mercière, rue Saint-André-des-Arcs, la somme de 100 livres plus les frais, conformément aux jugements rendus par le juge de paix de la section du Théâtre françois les 29 janvier et 5 février derniers.

II

Les prévenus, leurs défenseurs et les juges

La concorde ne paraît pas toujours avoir régné entre les défenseurs qu'avaient choisis les accusés. L'avocat de l'imprimeur Brune, Poussepin fils, prétendit diriger la défense. Il se heurta aux susceptibilités de Liénart qui avait été choisi à la fois par Verrières et par Tissier. Au lendemain même de l'interrogatoire de Brune, dont les réponses trop habiles frôlaient le mensonge et désavouaient en quelque sorte l'agitation républicaine menée par les Cordeliers (1), l'avocat Liénart en guise de protestation abandonna la défense de Verrières et en avertit son confrère Poussepin par la lettre suivante :

Comme il me paraît que Monsieur Poussepin dirige seul les opérations de l'affaire du Champ de Mars et qu'il ne daigne m'avertir d'aucune de ses démarches en ce qu'elles pourraient être analogues aux accusés que j'étais chargé de deffendre, j'abbandonne à ses lumières les clients qui m'avaient choisi pour leur conseil, j'en excepte cependant le s^r Tissier qui veut bien me continuer sa confiance et j'espère que ce dernier aura à se louer de mon zèle et de mes faibles talents.

LIÉNART.

13 aoust 1791.

Monsieur Poussepin, homme de loi.

(Arch. nat., F⁷ 4623).

Les prévenus ne demandèrent pas à Liénart de revenir sur sa décision. S'ils s'abandonnèrent à la direction de Poussepin, c'est sans doute qu'ils savaient celui-ci plus en état de leur rendre des services auprès des juges. Et en effet il ressort de ses lettres que Poussepin était en fort bons termes avec le juge Mutel, rapporteur de l'affaire. Par l'intervention de Mutel il obtint des adoucissements au régime que subissaient les détenus.

____

(1) Voir mon livre, pp. 292 et suivantes.

Copie exacte de l'ordre qui m'a été confié par M. Mutel
le 13 août 1791

Le greffier de la Conciergerie du palais donnera la clef de
la chambre appellée Chambre du Conseil à MM. S^l-Félix,
Momoro, Brune et Verrière pour s'y établir, c'est-à-dire
pour qu'elle leur serve de logement, ce que le greffier exécu-
tera sans aucune réflexion, quoique cette chambre n'ait
jamais servi de cette manière. Cet ordre est provisoire
jusqu'à ce que la municipalité en ait autrement statué et ait
donné à MM. Momoro, St-Félix, Verrière et Brune des
chambres plus salubres et plus commodes que celles qu'ils
occupent. Le 13 août 1791.

Signé : Mutel, juge du tribunal séant à l'abbaye.

POUSSEPIN fils.

(Arch. nat., F⁷ 4624).

Le juge Mutel était si bien disposé pour les prévenus que, le 16
août, après l'interrogatoire de Momoro, il obtenait de ses collègues
du tribunal qu'ils pourraient voir qui bon leur semblerait. Il se
rendait lui-même chez le concierge de la prison pour donner cet
ordre. Les détenus, il est vrai, se méprirent sur la signification de
cette visite et ils en montrèrent de l'humeur. Immédiatement
Poussepin protesta contre la défiance injustifiée qu'ils avaient
manifestée à l'égard de Mutel et s'en montra froissé comme si
cette défiance l'atteignait lui-même. La lettre qu'il leur écrivit
est importante parce qu'elle nous renseigne sur les sentiments
des juges envers les accusés :

MM. Mommoro, Brune, S^l-Félix et Verrières

C'est dans l'amertume de mon cœur que je vous écris,
Messieurs, ayant cru appercevoir de l'humeur de vos parts
dans la démarche que M. Mutel a faite auprès de votre concierge, les demandes qui lui ont été faites par divers (*sic*)
personnes, au sortir de l'interrogatoire de M. Mommoro, sur
ce qu'ils ne pouvoient voir les uns M. Mommoro, les autres
M. Brune, ont engagé M. Mutel à en faire le rapport à la
chambre, vu lequel rapport la chambre a engagé et prié

M. Mutel de se transporter à votre prison pour donner l'ordre
que MM. Mommoro et Sᵗ-Félix verroient qui bon leur
sembleroient et ci-joint je vous envoie l'ordre postérieur (1)
que M. Mutel avoit donné avant le reféré à la Chambre.

La démarche de M. Mutel vous a fait craindre quelques
mauvais procédés de la part de votre concierge. M. le rapporteur pénétré du désir de vous être util ira demain
7 heures du soir avec moi au Comité des raports solliciter
lui-même en votre faveur et se fait fort ainsi que moi de vous
faire obtenir un lieu dans tout autre endroit et plus commode
que celui où vous êtes.

Demain j'espère avoir une décision favorable relativement
à MM. Mommoro et Brune qui déjà ont subi l'interrogatoire.

Ne craignés point, MM., aucune vengeance ny vexations
de la part de celuy qui a paru être blessé.

Je ne me coucherai point sans avoir votre réponse par
laquelle j'espère que vous me rendrés la justice qui m'est
due.

Je ne crois pas, MM., que vous ayés quelque chose à me
reprocher, j'ai deffendu et deffendrai vos intérêts comme les
miens mêmes, et je reponds sur ma tête s'il le faut que vous
n'aurés jamais rien à me reprocher. Le tribunal et le public
s'il le falloit vous diroient combien je sollicite la promptitude
de vos jugements.

M. de Sᵗ-Félix sera interrogé demain à 4 heures du soir.
Adieu, MM., je vous réitère de nouveau les assurances de
mon sincère attachement et je vous prie d'être bien persuadé
que le Tribunal voit avec peine votre accusation et qu'il
désire trouver en vous des innocents, vous devez en être
d'autant plus persuadés par les démarches extraordinaires
qu'il fait pour vous.

Demain je continuerai ce que j'ai à faire pour vous si vous
ne me donnés point d'ordre contraire.

M. Mutel, que je quitte à l'instant, connaît les dispositions
de ma lettre.

Je serai demain à sept heures du matin chez vous, votre
réponse me fera savoir si vous rendés justice à mon zèle et à
mon exactitude, je finis pour que votre réponse m'arrive ce

---

(1) Lapsus évident pour antérieur. C'est la pièce publiée plus haut, p. 11.

soir ; demain ensemble nous entrerons dans de plus grands
détails que le papier ne peut souffrir.

Je suis

Votre très humble
et très obéissant serviteur,

Poussepin fils.

Paris, ce 16 août 1791.

Les prévenus se hâtèrent de rendre à leur défenseur la justice
qu'il réclamait et sur le papier même de sa lettre ils lui écrivirent
cette réponse de la main de Verrières :

Réponse

A la Conciergerie, 9 heures du soir, ce 16 août 1791.

Nous avons reçu votre lettre, Monsieur ; nous rendons
justice à vos sentimens. Nous sommes sensibles aux dispositions bienveillantes du tribunal et à l'objet de la démarche de
M. Mutel. Notre confiance en vous ne peut diminuer et si
quelque chose pouvoit y ajouter, ce seroit le motif même de
cette démarche, elle a paru nous surprendre, vous savez
pourquoy, mais elle ne nous a point amertumé.

Nous verrons demain avec plaisir, etc.

Salut, Bonsoir, nous buvons à votre santé et à la nôtre.

Signé : Verrières, secrétaire, Brune, Momoro et St-Félix.

(Arch. nat., F⁷ 4624).

III

Les prévenus et la Robe Courte

Comme on l'a vu, grâce au bon juge Mutel, les accusés du Champ de Mars connurent les douceurs d'une sorte de régime politique avant la lettre. Ces douceurs étaient autant de privilèges que ni les lois ni les règlements n'avaient prévus. C'était la coutume que des chirurgiens préposés à ce service visitassent les épaules des détenus pour s'assurer si elles ne porteraient par hasard la marque des fleurs de lys. Une pareille visite avait quelque chose d'infamant. Le dévoué Poussepin s'entremit encore auprès de son ami Mutel pour en éviter l'affront à ses clients et sa démarche aboutit.

M. Mutel me charge, MM., de vous prévenir que si on avoit l'indignité de vouloir visiter vos épaules, comme c'est le malheureux usage, de vous y refuser et dire aux chirurgiens qui voudroient faire cette visite : nous voulons qu'il en soit auparavant déféré à M. Mutel, rapporteur de notre affaire.

J'irai cet après-midi ou ce matin, si je ne puis vous voir, vous engager à la patience, car vous en avez bien besoin.

J'ai l'honneur d'être très p^t. M., v. t. h. et t. o. s. POUSSEPIN, ce 14 août 1791.

        MM. Brune, Verrières, St-Félix et Momoro.

Certifié conforme à l'original.

                           BRUNE.

(Archives nationales, F⁷ 4624).

Les prévenus échappèrent donc à la visite des chirurgiens, mais ils n'échappèrent pas aux menottes des gardes de la robe courte chargés sous leur responsabilité, comme les gardes républicains de nos jours, de conduire les accusés de leur prison à l'audience. Au nom de ses coaccusés Verrières envoya au colonel de gendarmerie, chef de la robe courte, Papillon, la protestation suivante :

Lettre à M. Papillon, 23 d'août 1791.

M.

Détenu à la Conciergerie ainsi que Mrs Brune, Momoro et
St-Félix, nous avons été conduits le 10 et 17 de ce mois
par-devant le juge, pour être interrogé dans l'affaire du
Champ de Mars. Les gardes de la robe courte nous ont liés :
cette humiliation n'a excité de notre part aucune plainte.
Quoiqu'il soit bien douloureux de réfléchir que ce sont les
mêmes cordes qui lient des accusés comme nous et des êtres
flétris en place de Grève, que ce sont les mêmes gardes qui
reçoivent ces êtres de la main du bourreau pour les conduire
à la Tourelle et qui nous prennent au guichet de la même
manière pour nous conduire devant le juge, quoique, dis-je,
il soit affreux d'être menés par des gens avilis par état et
d'être confondus avec des coupables flétris par la loi, nous
ne nous sommes permis aucune réflexion. Sur celles de
nombre de citoiens à cet égard, il leur a été répondu qu'ainsi
l'avoit ordonné l'officier commandant la robe courte.

Samedi 20, nous avons été appelés à l'audience pour
entendre la déposition de M. Biauzat, député. L'officier avoit
encore ordonné que nous fussions liés. Le nommé Le Fevre
me lia avec M. Momoro. Ce qui semble indiquer de l'humeur
de la part des membres de cette compagnie, c'est la manière
dont je fus lié et conduit. Arrivé devant le juge, je lui ai fait
voir publiquement les empreintes de la ficelle gravées sur mon
bras et qui avoient fait gonfler considérablement mes veines.
Ce spectacle affreux fit la plus vive impression sur le public
et le juge. Ce dernier m'engagea à m'adresser au chef de ce
corps pour en obtenir justice.

J'apprends que la Robe courte aspire à l'honneur d'être
Gendarmerie nationale et que jusqu'à la formation de ce
nouveau corps elle existe sous vos ordres. Je vous prie de
recevoir la dénonciation que je vous fais d'une oppression aussi
dangereuse.

Il existe ici des chevaliers de St-Louis, des jeunes gens
pleins d'honneur qui peut-être ne souffriront pas aussi patiem-
ment que nous de semblables vexations. Les liera-t-on ? Ils

ne le souffriront pas sans doute. Ne les liera-t-on pas ? Voilà une distinction qui fera récrier les accusés du Champ de Mars contre les accusés du Palais Royal. C'est exciter deux partis, c'est les distinguer, ce qui n'est pas prudent, car le Peuple est là qui veille et qui écoute. Je désirerois prévenir le moindre mouvement qui pourroit avoir lieu par rapport à nous. Il n'est, je crois, d'autres moyens que de faire distinguer par les officiers de Robe courte des citoiens accusés comme nous d'avec des voleurs, des assassins et surtout de punir sévèrement les gardes qui se sont mal conduit et qui, à l'avenir, oseroient maltraiter celui qui leur est confié pour le mener à un tribunal.

Je me félicite, ainsi que mes camarades, d'avoir à vous fournir l'occasion de signaler vos grands principes d'équité et d'acquérir de nouveaux droits à la reconnaissance publique par la réforme d'abus qui doivent mériter toute votre sévérité contre leurs auteurs.

J'ai l'honneur d'être, etc. (1).

(Arch. nat., F⁷ 4623).

Le colonel Papillon n'osa pas prendre sur lui de faire droit à la requête de Verrières et de ses coaccusés. Il les renvoya à s'adresser aux magistrats :

Paris, ce 24 août 1791.

Chef, Monsieur, des deux compagnies de gendarmerie qui doivent être fournies pour le service des tribunaux de Paris et la garde des prisons, celle de Robe courte n'est pas encore incorporée et, dans tous les cas, je ne peux ni ne dois me mêler que de la tenüe des hommes dont elles sont formées, quand à leur service, les commandants doivent se conformer, sur leur responsabilité, aux instructions et réquisitions qu'ils reçoivent des magistrats ; j'outrepasserois les pouvoirs que la loi m'a confiée (*sic*) si je m'immissois (*sic*) dans des fonctions dont la disposition appartient aux magistrats.

Le colonel de la première division
de gendarmerie nationale,
PAPILLON.

M. Verrière.

(Arch. nat., F⁷ 4623).

(1) Minute de la main de Verrières.

Les accusés adressèrent alors aux juges cette nouvelle supplique dont j'ignore quel fut le résultat :

A Monsieur

Monsieur,   , juge du sixième arrondissement de Paris, commissaire en cette part.

Remontre Buirette de Verrières, Monmoro, St-Félix et Brune, prisonniers à la Conciergerie du Palais,

Qu'ils sont décrétés dans la malheureuse affaire du Champ de Mars, que chaque fois qu'ils ont été appellé à l'audiance, la robe courte, par ordre de l'officier commandant, les a liés comme des voleurs et des assassins, qu'elle a mis à cette opération tellement d'humeur que l'un d'entre eux a été presque estropié par la ficelle avec laquelle on lui a serré avec violence les poignets, que sur la remontrance il vous a plu, Monsieur, nous permettre de demander justice de ces vexations au chef de cette compagnie à qui nous avons adressé la lettre cy-jointe et la réponse que M. Papion (*sic*) a fait à l'un de nous ; comme il conste que de vous seul dépend le mode de notre conduite par devant vous lorsque vous le jugez nécessaire ; nous croyons devoir vous prier de donner vos ordres pour qu'à l'avenir nous ne soyons plus maltraité et conduit lié, offrant toute surté pour nos personnes.

Ce considéré, il vous plaise, Monsieur, donner acte aux suppliants de l'offre qu'ils font de caution de leur personne qui répondra d'eux pendant le temps que mandés de la prison ils comparaîtront devant vous pour leur traction, en conséquence ordonné que nous serons conduis sans être lié et avec les égards qu'on doit à des citoyens accusés qui se soumettent comme nous aux rigueurs d'une arrestation que votre tribunal a cru nécessaire pour la tranquilité publique(1).

(Arch., nat. F⁷ 4623).

---

(1) Minute non datée de la main de Verrières.

2

IV

Le communiqué de l' « Ami des Citoyens »

Les ménagements que témoignèrent les juges aux prévenus ne leur épargnèrent pas les vives attaques de certains journaux patriotes. J'ai relaté la plupart de ces attaques dans mon recueil précédent (pp. 220 et suiv.). L'une d'elles tout au moins fut pour le tribunal inattendue. Ce fut celle qui émanait de Tallien et de son journal-affiche, *L'Ami des Citoyens*. Ici les juges furent quelque peu victimes de leur complaisance et de leur naïveté.

Sous la signature de J. L. Tallien, l'*Ami des Citoyens* publia dans son n° 3 du 14 aoust 1791 un article intitulé Variétés, dont voici les passages essentiels (1) :

Tous les bons citoyens ont gémi sur l'égarement de ceux de leurs frères qui, entraînés ou par des suggestions perfides ou par l'exaltation d'un patriotisme inconsidéré, ont provoqué la malheureuse catastrophe du 17 juillet au champ de la fédération.

Le tribunal du 6ᵉ arrondissement a informé sur les délits de cette journée, il vient de demander à l'Assemblée nationale de pouvoir étendre cette information *à des faits antérieurs*, et il y a été autorisé (2). Puisse cette extension de pouvoir n'avoir pas de suites funestes ! Puissent les craintes de M. *Biauzat*, qui a combattu ce décret, ne pas se réaliser !

Déjà ce tribunal a, dans cette affaire, décrété de prise de corps un grand nombre de citoyens. Plusieurs ont été arrêtés il y a quelques jours ; les autres ont pris la fuite.

On a déployé un grand appareil militaire pour ces arrestations, il étoit inutile. Tous les Français savent que dans un pays libre *tout citoyen* appelé ou *saisi en vertu de la loi doit obéir à l'instant et qu'il se rend coupable par la résistance...*

---

(1) Les quatre premiers numéros du journal de Tallien manquent à la Bibliothèque nationale. Les exemplaires conservés dans les papiers de Verrières sont donc précieux.

(2) Par décret du 8 août. Voir mon livre, pp. 210-211.

Nous sommes pleins de confiance dans les magistrats qui composent le tribunal chargé de poursuivre l'affaire du 17, mais il est de notre devoir, comme sentinelle vigilante du peuple, de les prévenir que l'on a conçu des inquiétudes sur ces arrestations multipliées et nocturnes. La publicité de la procédure, ce grand bienfait de la Constitution, nous fera, il est vrai, connaître quels sont les crimes de ces accusés.

Cependant, pour détourner en ce moment les soupçons et les calomnies, ne seroit-il pas possible de lui faire connoitre les motifs des arrestations nombreuses qui ont eu lieu depuis quelque temps ? La haute cour nationale d'Orléans ne répondit aux calomnies répandues contre elle qu'en publiant le journal de ses opérations.

Nous attendons du patriotisme de l'accusateur public du tribunal du 6ᵉ arrondissement qu'il ne refusera pas cette communication à ses concitoyens. Nous offrons même d'en publier le résultat dans notre journal, parce que, jaloux de maintenir la tranquillité publique, nous ferons tous les sacrifices qui dépendront de nous pour y parvenir.....

(Arch. nat., F⁷ 4625).

Les juges se laissèrent prendre à l'habile invitation de Tallien qui renfermait un piège. Dans leur empressement à prouver leur bonne foi et à dissiper les doutes du journaliste, ils lui envoyèrent un extrait de la procédure, véritable communiqué qui devait paraître dans les colonnes de son journal. Le communiqué fut rédigé par le juge Mutel, mais signé de l'accusateur public et envoyé par celui-ci à Tallien dans cette lettre que Tallien s'empressa de communiquer ensuite aux accusés :

Lettre de M. l'accusateur public du 6ᵉ arrondissement
au rédacteur de l' « Ami des Citoyens ».

Monsieur,

J'ai l'honneur de vous envoier le précis des informations dans l'affaire du Champ de Mars.

Je vous prie d'observer que dans cette affaire MM. Brune, Momoro et Sᵗ-Félix sont les seuls qui ont été arrêtés,

Que la force publique n'a été mise en mouvement que d'après des considérations très importantes, qu'il n'y a eu de commandé qu'un détachement de 400 hommes et un piquet de cavalerie.

Si on informe contre l'*Ami* et l'*Orateur du Peuple*, on informe aussi contre l'*Ami du Roi, Sulleau*, qui est en prison, et l'auteur de la *Gazette de la cour et de la ville*, et les poursuites dirigées contre les écrivains ne frappent que sur les passages où ils invitent au *meurtre*, à l'*assassinat* et positivement à la *désobéissance à la loi*.

Voilà la vérité qu'il importe de faire connaître au public.

Des juges choisis par le peuple n'ont et ne peuvent avoir d'autre intérêt que de deffendre les véritables droits du peuple, ils le trahiroient s'ils pouvoient favoriser des desseins dont le succès occasionneroit la guerre civile, la guerre étrangère, les plus grands malheurs.

Leur devoir le plus sacré est de rallier tous les citoiens autour de la loi.

C'est l'objet de votre journal et ce sera toujours celui des vœux les plus ardens des bons citoiens.

Je suis avec la plus sincère estime,

Monsieur,

votre affectionné concitoien,

L. A. BERNARD,
accusateur public du 6ᵉ arrondissement,

Ce 16 aoust 1791.

(Arch. nat., F⁷ 4625).

Tallien publia le communiqué du tribunal dans son nᵒ 4, daté du 21 aoust 1791. Il ne le publia pas entièrement. Il en supprima les dernières lignes qui résumaient la déposition de Brune. Brune avait mis en cause Robespierre, La Clos et Royer à propos de leur rôle à la séance des jacobins du 15 juillet. Tallien ne tenait pas à découvrir les chefs jacobins. Il fit suivre le communiqué de ces réflexions que les juges trouvèrent amères :

Il ne nous reste pas assez d'espace pour publier les réflexions nombreuses et affligeantes que ces pièces nous ont fait naître. Nous ne pouvons cependant nous empêcher de témoigner notre surprise de la poursuite dirigée contre les pétitionnaires. Il n'est donc plus permis de se plaindre et de réclamer ?... Le secret de la Coalition est découvert. Ce ne sont pas les seuls auteurs des assassinats commis dans la journée du 17 qu'on veut faire punir, ce sont les rédacteurs et les signataires d'une pétition renfermant le vœu de citoyens libres. Nous le demandons, en quoi consiste donc le droit de pétition si ceux qui en usent dans les formes prescrites par la Loi sont poursuivis comme criminels?

Tallien, on le voit, conservait encore quelque mesure dans l'expression de son blâme. Mais Camille Desmoulins et Santerre s'emparèrent du malheureux communiqué qui renfermait quelques inexactitudes pour couvrir de boue le maladroit accusateur public qui dut dévorer les outrages en silence (1).

(1) Voir mon livre, pp. 220 et 221.

V

La défense de Verrières

L'addition d'information et les interrogatoires des accusés se terminèrent à la fin d'août. Le 30 août, l'accusateur public Bernard déposa ses conclusions. Les avocats des accusés se présentèrent devant le tribunal pour les combattre. Un débat s'engagea qui dura deux jours. Les papiers de Verrières nous ont conservé le début du discours que prononça Poussepin.

*Discours du sᵣ Poussepin le jour du Règlement
à l'extraordinaire.*

MM.

Il est cruel pour des citoyens qui sont environnés de l'opinion et de l'estime publiques d'être dénoncés comme des factieux, comme des conspirateurs, comme des hommes avides de sang et d'être forcé de se deffendre lorsqu'il n'existe d'autre grief contre eux que celui d'avoir eu une opinion et d'avoir osé l'exprimer.

Mais, MM., la liberté de penser n'est-elle pas un droit qui appartient à tous les hommes ? La communication des idées, qui a pour but et pour objet le bonheur commun, peut-elle être un forfait qui doit être expié par l'incarcération ? N'est-ce pas une obligation à tous les membres qui forment une société de contribuer de tous leurs moyens à l'édifice du salut public ?

S'il est vrai que tous ceux qu'on s'est permis d'inculper ont donné des preuves de leur attachement aux principes et qu'ils en ont été constamment les plus fidèles observateurs, de quel œil, MM., devez-vous voir les calomniateurs qui ont cherché à se rendre suspects, et qui se sont fait un jeu de surprendre votre religion en leur supposant des intentions qu'ils n'ont jamais eues ? Comment envisagerez-vous les humiliations et les désagréments qu'on leur a fait

éprouver? Si le public en a été indigné, il ne m'est pas permis de vous dissimuler MM., que j'ai apperçu le même sentiment dans M. le Commissaire que vous avez chargé de l'instruction de la procédure dirigée contre eux (1). Si l'intégrité dont ce magistrat a donné dans tous les temps des preuves pouvoit être un éloge qui ne fut commun à chacun de vous, je me ferois un devoir de le citer comme un modèle à suivre, mais, MM., je ne lui ferai pas un mérite d'une qualité rare que vous avez tous en partage, mais il est d'autres titres qui le rendent recommandable (2). . . . .
. . . .

(Arch. nat., F⁷ 4623).

Verrières avait fait demander au tribunal par son défenseur Chévéry l'autorisation de présenter lui-même sa défense. Le tribunal lui refusa ce droit « dans la crainte sans doute, a-t-il dit, qu'il ne traitât devant le peuple avec son énergie ordinaire la fameuse question : *Y a-t-il lieu à accusation ou non?*, ce qui eût été faire le procès à l'accusateur public et au tribunal lui-même d'avoir décrété trop complaisamment ». Le discours, que devait prononcer Verrières, est resté dans ses papiers. C'est un morceau plein de force et de logique. Le passage, où il rappelait que l'accusateur public Bernard avait fait partie du club des Cordeliers et avait refusé, quelques jours après la fuite du Roy, de porter plainte contre un arrêté du club déjà dénoncé par le département, ce passage piquant n'aurait pas manqué de faire sur l'auditoire une vive sensation.

Discours de Verrières pour sa défense.

La plainte présente deux objets :
1° Il y a une conspiration ;
2° La pétition est criminelle.
Y a-t-il preuve de *la conspiration?* Sur près de 80 témoins entendus, encore aucune preuve. C'est cependant ce qu'il faloit prouver, c'est ce qu'il paroissoit si facile de prouver, puisque pour s'être ainsy expliqué sur le fait d'une conspiration, il falloit déja en avoir de grandes indices. Il est donc plus que probable qu'il n'y a point de conspiration.

(1) Ce commissaire était le juge Mutel dont on a vu plus haut la bienveillance pour les accusés.
(2) Le manuscrit s'arrête là.

La Pétition est le seul objet de l'information, c'est-à-dire le seul sur lequel les témoins ayent déposé, et le crime particulier de chacun de nous accusés est le plus ou moins de part que chacun y a eu.

Mais, avant qu'il y ait des coupables, il convient d'établir un délit, nous sommes traités en coupables, où est donc notre délit ? d'avoir concouru ou à la rédaction, ou à la signature de cette Pétition, soit en invitant à la signer, soit en la signant.

Mais pour que cette signature fut *criminelle*, pour que ceux qui y ont eû part soient coupables,

Il faudroit que cette *Pétition* fut reconnue légalement être un délit... qu'il eut été prononcé sur les *principes et l'expression, sur le motif et les effets de cet acte*.

Mais rien de tout cela n'a précédé les décrets et l'instruction criminelle.

M. l'Accusateur public devoit se procurer une copie en forme de la Pétition, la déposer, la dénoncer au tribunal ; le tribunal, l'ayant bien examiné et jugé de la nécessité de poursuivre cet acte illégal, eut reçu la plainte... La pétition y eût été jointe, elle eut formé le corps de délit et on eut informé.

Mais, sans ce préalable, sans qu'il y ait un délit constant, on rend plainte, on informe, il pleut des décrets à tort et à travers et, avouons-le à la gloire du tribunal, les juges n'ont pas lancé des décrets contre tous ceux que les conclusions indiquoient.

Cette preuve de modération et de sagesse de la part du tribunal n'est pas la seule dans l'instruction de la procédure qui mérite les éloges du public.

Ainsy, après beaucoup de mal, beaucoup d'éclat, beaucoup de terreur, et l'appareil d'un grand forfait, il est encore douteux, s'il y avoit lieu à accusation, si la pétition est un délit, si les signataires ou ceux qui y ont concouru sont coupables ?

Les fonctions d'accusateur public ne sont plus comme était celle du Procureur du Roy : l'accusateur public n'agit plus et ne doit plus agir que par *l'intérêt de la société*. La Pétition étoit-elle contraire au bien public, devoit-elle, pouvoit-elle compromettre le salut de l'Etat ? Sans cette haute considération, le ministère public dut être, surtout en matière politique, singulièrement circonspect, ne point faire de fausse démarche et donner lieu à des reproches au moins de trop de facilité.

Ainsy la grande, la seule question dans les circonstances est de voir s'il y a lieu d'accusation dans la *Pétition*, dans tout ce qui a pu en préparer la lecture, la discusssion et la signature,

Et encore qu'il y ait lieu à accusation, déterminer en quoy et comment chacun des accusés a eû part à ce délit,

1° Prouver que la Pétition n'étoit point criminelle ;

2° Que ceux qui y ont concouru ne sont point coupables ;

3° Et dans tous les cas analyser quel rapport ma conduite a eû avec cette Pétition du dimanche.

Discutter l'ensemble de mes temoins et tirer la conséquence.

1° Qu'il n'y a pas lieu à accusation ;

2° Qu'il n'y avoit pas lieu à décret de prise de corps contre moy.

Une *Pétition* ne signiffie rien en elle-même :

elle est une demande adressée à une autorité reconnue.

Qui *demande* assure qu'il ne peut pas tout ce qu'il veut.

Qui *demande* propose et peut ne pas obtenir.

Qui *demande* résigne sa volonté à la volonté de celuy auquel il porte son vœu.

Voilà ce que c'est qu'une *Pétition* !

Ainsy concluoit tout homme sensé. La Pétition, dont il s'agit, n'a donc aucun caractère illégal, dans son essence.

L'objet, le motif, les principes, l'expression de cette *Pétition* étoient-ils dangereux ? portoient-ils atteinte à quelque décret ? Les effets pouvoient-ils anéantir la Constitution ? Pouvoient-ils troubler l'ordre public ou violer le respect dû à l'Assemblée nationale ?

Cette *Pétition* avoit pour objet de demander à l'Assemblée nationale de prononcer sur le sort du Roy, de déclarer s'il *seroit en cause* ou non. Les citoyens avoient-ils le droit de faire une *Pétition* ? Ouy, avoient-ils intérêt de faire celle dont il s'agit ? Ouy.

Deux espèces de délits résultoient de l'évènement du 21 juin :

1° La fuite ou l'enlèvement du Roy et à cet égard l'Assemblée nationale elle-même avoit annoncé aux 82 départemens ce délit et le danger que la Nation couroit.

2° La protestation la plus formelle du Roy contre la Constitution.

Ce second délit avoit également été dénoncé aux 82 départemens.

Le 21, le soir, celuy de Paris avoit affiché par toute la capitale son opinion et fixé par conséquent celle de tous les citoyens, sur ce double délit :

Citoyens,

La Nation a été trahie, le premier fonctionnaire de l'Etat s'est rendu parjure...

L'opinion publique sur le Roy s'est formée aussitôt et s'est formée irrévocablement, puisque le département luy même avoit caracterisé solennellement et avoit cru devoir le faire, tous les effets de la fuite du Roy, tous ses torts envers la Nation, tout son délit ou plutôt son crime envers la Constitution, il avoit trahi la Nation, il s'étoit parjuré de son serment au maintien de la Constitution.

Tout ce qui avoit suivi, son arrestation à Varennes, son retour à Paris, sa rentrée aux Thuileries, l'état d'arrestation que l'Assemblée avoit ordonné pour luy, son fils, la reine, étoit sans doute une *peine*, et toute peine suppose un délit, donc il y avoit un délit.

Cet état d'arrestation avoit été suivi d'une suspension de fait de toute autorité... autre espèce de *Peine*, bien plus grande encore et qui suppose une autre espèce de délit bien plus grave... disons-le, un crime.

Il s'agit cependant *(sic)*.

La Nation voit, connoit toutes ces punitions infligées au Roy par l'Assemblée nationale...

Il ne s'agissoit point d'examiner s'il en avoit le droit. Personne n'en doutoit, ne fut-ce que *provisoirement*.

Mais il falloit enfin, pour légitimer aux yeux de tout le monde, ces deux *punitions*, il falloit à la fin déterminer les *délits*, il falloit déterminer la durée de ces punitions ?

Il falloit donc enfin établir un délit, puisqu'il y avoit un coupable, apprécier ce délit... l'analyser et fixer le corps réel.

Le premier étoit la fuite... elle étoit constante, mais le Roy avoit été engagé par des ennemis de l'Etat à cette démarche inconséquente et, le 15, décret lui désignant ces coupables...
Décrété : Bouillé et autres...

Une Pétition, dont on n'a point même encore la véritable rédaction, une pétition que l'organe de la vindicte publique en la dénonçant à la sévérité des loix comme un crime, n'a pas même joint à la Plainte, quoiqu'elle eût dû être la première pièce de la procédure comme formant le corps de délit ;

Cette Pétition a été présentée aux yeux de toute la capitale comme un prétexte, comme un motif pour former un rassemblement dangereux, dont les effets devaient anéantir la Constitution, produire la guerre civile, amener la guerre étrangère et nécessiter la banqueroute.

On a sonné l'alarme contre tous les patriotes, dans l'un de ces délires de l'imagination que l'esprit de parti exalte, on les a annoncés non seulement comme *factieux* mais comme *conspirateurs*, on a conjuré contre eux l'opinion des personnes faibles ou prévenues... des échos mercenaires ont prolongé au loin cette calomnie en multipliant ses effets. Cette Pétition est devenue bientôt le crime de tous ceux qui avaient montré du patriotisme... ils ont été dévoués à la proscription... on m'a honoré, MM., en me mettant au nombre des amis de la liberté, en me choisissant comme un de ceux qui devaient expier par une peine éclatante un trop grand zèle pour la Constitution... L'anathème lancé sur moy étoit mérité, je l'avoue... Bien des *iniquités* m'avoient préparé et assuré la préférence d'être *saisi, lié, conduit* hors du camp et *couvert de tout l'opprobre* de la famille.

Le plan de guerre que l'on avait décidé contre les patriotes pour asservir la liberté publique et individuelle, pour anéantir la liberté de la presse et celle des opinions : le plan de cette guerre fut combiné avec autant d'adresse que de perfidie.

La Pétition en fut le prétexte politique ; les principaux moteurs se cachèrent derrière la toile et mirent en avant comme d'usage quelques agens cupides et ambitieux. La circonstance était préparée de loin. L'organe que l'on emprunta pour faire la déclaration publique de cette guerre, pour en développer avec l'appareil le plus formidable tous les préparatifs, cet organe, avouons-le, fut aussy coupable d'une trop grande faiblesse pour les *moteurs secrets* de cette proscription que d'un trop facile abandon au sentiment de la vengeance et au cri de l'amour-propre ulcéré. En effet, M., l'accusateur public, moins occupé à recueillir la vérité des faits, à analyser les détails des événemens, à **les comparer,**

à les approfondir dans toutes les variations des circonstances ; au lieu de balancer ce qui peut être faux avec ce qui
n'est que vraisemblable ; au lieu de s'investir d'une sainte
défiance contre les erreurs, les faux rapports, les suggestions,
les méchancetés ; au lieu de ne rien donner au hasard, rien
aux circonstances, M., l'accusateur public n'a pris aucune
des sages mesures que la prudence, que la raison et les
principes sacrés de l'équité prescrivoient dans une entreprise
aussi délicate, surtout lorsque ny la maturité de l'âge, ny la
grande expérience des affaires publiques, n'offroient en luy,
dans une cause aussy majeure, aucun garant des suites
funestes qui pourroient résulter d'une telle entreprise.

Et si, à cette observation générale, nous joignons encore
celle non moins précieuse, de la personnalité des victimes
contre lesquels, en rédigeant sa plainte, il se complaisoit à
invoquer toutes les foudres de la justice et ceux sur la tête
desquels il tenoit suspendu le glaive de l'exécuteur des dernières volontés de la Loy ; si on se rappelle que tous étoient
ses concitoyens de section, ses rivaux aux suffrages des
élections, ses frères d'armes au bataillon, ses camarades dans
la carrière de la Révolution, quelques-uns ses amis, plusieurs
les partisans de quelques vertus mises en avant, que dis-je,
quand on saura qu'il étoit lui-même membre du club des
Cordeliers, de cette société à laquelle peu de temps auparavant il s'honoroit luy même d'appartenir, de cette société
contre laquelle il avoit refusé quelques jours après le départ
du Roy, de dénoncer en ce même tribunal un arrêté que le
directoire du département avoit proscrit et dénoncé à toute
la sévérité du tribunal (1) ; M. Bernard refusa de prêter son
ministère à cette dénonciation, en disant qu'il tenoit à estime
d'être membre du Club des Cordeliers, et qu'il ne seroit
jamais le dénonciateur d'aucun acte qui en émaneroit d'autant plus qu'il ne trouvoit point l'objet ny l'expression de
cet arrêté au dela des mesures des droits de l'homme, etc.
Voilà certainement le caractère d'un homme estimable, d'un
citoyen pénétré des vrais principes, voilà de la *Vertu*, alors !
alors ! *mais depuis...*

Le 18, la plainte est adressée au tribunal et l'accusateur

-----

(1) Sur cet arrêté et sur la dénonciation du département, voir mon
livre, pp. 51 et 52.

public y déclare que cette plainte rendue *contre des quidams
prévenus d'avoir occasionné la veille une émeute au Champ
de Mars et d'avoir insulté la municipalité et la garde nationale en fonctions, soit en jettant des pierres, soit par d'autres
provocations, à luy dénoncés par la notoriété publique et le
rapport fait par M. le Maire à l'assemblée nationale ce
jourd'hui, n'a point d'autre dénonciateur.*

Cette déclaration n'annonce pour délit qu'une *émeute au
Champ de Mars*; il n'est pas question de *pétition*, de rassemblement criminel, de conspiration, et, ce qui feroit présumer
que cette grande et foudroyante plainte n'a été rédigée. que
depuis et sans doute sur le modèle des mémoires ou d'après
. les principes qui ont dicté à Louis XIV la déclaration de la
guerre des Cévennes contre les protestans.

En effet, il suffit de la lecture pour être convaincu. Dans
quel arsenal cette pièce a été fabriquée ? Quelles matières y
ont été employées ? Quelles mains ont pris plaisir à la
perfectionner. Un grand cliquetis de mots et d'expressions
banales. Le mot *La Loy, La Loy* prodigué dans chaque
phrase, ce mot insignifiant, qui est devenu dans tant de
bouches le simbole de la profession de foy des ennemis de la
Loy et de la Liberté, ces termes parasites Liberté, faction,
conspirateurs ; avec les quels on a tant de fois égaré le peuple,
voilà ce qu'offre d'un coté le manifeste ou plainte du 18 juillet :
d'un autre, fiel, amertume, imposture, perfidie, erreur combinée, calomnie, mensonge, une servile et rampante élo-
quence, une fade et basse déclamation, partout une teinte
forte de la plus partiale méchanceté.

Voilà en masse ce que laisse à l'esprit, au cœur, la lecture
de cette plainte... mais à l'âme c'est un tout autre sentiment.
Vous l'avez éprouvé, MM., déjà plus d'une fois et toujours
une nouvelle indignation publique a été le fruit de cette
lecture.

Ce sentiment, MM., a fait place à un autre plus calme, celuy
de l'examen le plus profond et le plus impartial du motif de
l'accusation, de son objet et de ses effets.

Une *Pétition* à signer au Champ de Mars, une *réunion de
citoyens*, le dimanche d'après la fête de la Fédération, tout
cela a passé pour prétexte d'une conjuration ; des sommes dis-
tribuées par les agens des rois voisins, des correspondances
avec l'Etranger, des complots contre l'assemblée nationale,

contre le maire, le général, toute la garde nationale, voilà
l'ensemble de l'objet de cette grande et terrible conspiration...
on savoit bien qu'il n'en existoit pas, mais il étoit utile que
de faire croire qu'il y en avoit une. La vraisemblance étoit
facile à établir au lieu du vray et les esprits en reçurent avec
avidité les premières impressions... tout étoit assorti avec un
air de Probabilité, que l'erreur étoit inévitable et une fois
que l'on a saisi une opinion, il est bien difficile d'en revenir.
On n'aime point à avoir été trompé. Il faut bien de la vertu
pour avouer son erreur, pour la réparer... on avoit calculé
l'effet et l'avantage de cette prévention et elle ne pouvoit
manquer de faire fortune.

Mais la passion rarement sait se contenir dans l'exercice
de ses moyens... toujours dans l'illusion de la moyenne, on
s'égare et on se perd en abusant de ses ressources.

C'est ce que cette occasion nous prouve. La liste des pros-
crits ou *décrétés* fut à peine connue que l'on y reconnut au
choix des victimes l'esprit qui avait dirigé cet anathème... on
vit dans l'ombre du greffe criminel la main qui lançait les
foudres... on ne douta plus à la Passion de quelle divinité
on vouloit sacrifier en *égorgeant avec le glaive de la Loy* des
citoyens dont tout le crime étoit d'avoir eû toujours la même
foy, les mêmes principes et de s'être toujours tenus attachés
à l'arbre de la liberté ; quels noms en effet offre cette liste ?
Les noms de tous ceux qui ont eû le plus d'ennemis... et c'est
en dire assez. Le citoyen qui a le plus montré de courage, de
force et de constance, disons-le, de talent et d'énergie, celui-là
a le plus d'*envieux* et de *jaloux*, outre la haine des méchans
par état et par besoin... (1)

(Arch. nat., F⁷ 4623).

Outre la minute de ce discours, il existe dans les papiers Verrières d'autres brouillons où l'avocat avait jeté en hâte des idées
et des arguments pour sa défense. Nous les donnons ci-après, car
aucun ne nous a paru négligeable.

Dans celui qui suit, Verrières, avec beaucoup de vraisemblance,
faisait retomber sur le Directoire du département de Paris et sur
l'Assemblée nationale elle-même, la responsabilité de l'agitation
patriotique et républicaine.

---

(1) Le manuscrit s'arrête là.

Brouillons de Verrières pour sa défense,
n° 1.

Arrêté du département — du 21 au 22 juin — affiché — *La nation a été trahie. Le premier fonctionnaire s'est rendu parjure à sa foy...*

Le 23 — Là cette affiche — à côté copie à la main, sur un petit placard des 4 vers de *Brutus.*

François, etc. (1)

Expression du même sentiment sur un même fait, l'une en en prose, l'autre en vers.

Premier germe de l'opinion publique que cet arrêté du Directoire... L'opinion s'est élancée ; elle a pû, elle a dû alors même innocemment se porter à des excès...

Les sociétés patriotiques ont pû alors être impunément les échos du Directoire.

Roy traître à la Nation,

Roy parjure à sa foy,

Traître en fuyant,

Parjure en protestant,

Délit réel. Présenté au peuple sous deux rapports également sensibles ;

De là, liberté au peuple de préjuger, de raisonner sur ce délit, sur le cas coupable qui luy a été désigné par le Directoire luy-même.

Si cela est raisonnable, cela n'est point factieux.

De là, tout ce qu'il restoit encore au peuple de ce vieux respect pour la royauté, pour la personne du Roy, pour Louis XVI et sa famille, tout a été anéanti et Louis XVI n'a plus été aux yeux du Peuple qu'un traître à la Nation, qu'un parjure à sa foy... et que signiffie un Roy des Français, Louis XVI, dénoncé aux citoyens du département au *Bon peuple* de la capitale comme un traître et un parjure, etc. ?

Il est tems que le sommeil des fonctions royales cesse et que la confiance publique puisse renaître. Si tout va bien pendant ce sommeil, pourquoy les troubles ?

(1) Voir dans mon livre, p. 50, la reproduction du placard des Cordeliers.

Si cela va mal ? Bien coupable est donc celuy qui l'abuse et qui l'a endormi...

Il n'est donc plus libre et pourquoi?...

Du... juin, décret de l'Assemblée nationale, qui ordonne un serment provisoire et général.

Le Provisoire en ce cas emportoit le fonds, le provisoire en fait d'opinion est irréparable et difamatoire.

Le serment décrété est : *Je jure d'être fidèle à la Nation et à la Loi.*

Ainsy, l'Assemblée elle-même, d'accord avec le directoire [du département de Paris], a prononcé la peine d'un délit dénoncé par le directoire.

Quoy, le Roy est donc déclaré violable, il l'est par l'un et l'autre... Louis XVI est donc comme un simple citoyen... etc. !

Cette opinion suit nécessairement de l'expression de ce serment, serment qui a *été ordonné aux troupes de ligne et à la marine,* et pour l'exécution duquel des commissaires députés ont été nommés sur le champ et ont été le recevoir.

Depuis, l'Assemblée a voulu rétrograder ainsy que le Directoire, en apprenant que le Roy étoit arrêté — mais ces deux corps avaient été trop vite, etc.

L'opinion publique ! Barnave : *Un bourdonnement excité par quelques écrivains peut-être salariés.* Ces écrivains étoient ses amis.

Arrestation. Décret. *Nul homme,* etc. Les formes sont violées. Il suffit d'être inscrit sur une liste de proscription ou accusé par des gens à gages pour être jetté dans les cachots.

De *Rioles,* libre et moy prisonnier (1).

Nul ne peut être puni, etc...

Où est la loy qui déclare que quiconque énonceroit son opinion sur les décrets de l'Assemblée seroit réputé criminel...

Le crime du Champ-de-Mars ne vient point des arrêtés des clubs, car il a été préparé par l'affiche du directoire.

Les Poignards aux Thuileries.

J'ay près de 41 ans, il y en a près de 24 que je suis en guerre ouverte avec l'opinion publique et les injures personnelles... je n'ay fait qu'en rire.

---

(1) Trouard de Riolles, arrêté comme contre-révolutionnaire en juillet 1790 à Bourgoin, avait été acquitté par la haute cour d'Orléans en août 1791.

Lors de la Révolution, j'ai eû à combattre ma difformité, la prévention et les sarcasmes des aristocrates et mes facultés, mon zèle, avec quelques talens à la chose publique.

Il m'est agréable, même en ce moment que je suis sacrifié par les aristocrates, d'être dévoué par leur cabale à l'opinion publique sous le même nom qu'ils me donnoient lors de la Révolution.

Lorsque je pourvoyois à l'approvisionnement de Paris (1), ils me ridiculisoient sous le nom de *général Jacquot ;* et en ce moment toujours aussi pur, aussy sincère patriote, j'achevoi ma carrière dans ce sentier dangereux ; ils me persécutent, ils m'ont fait arrêter et me dévouent à la haine publique, encore sous le nom de *général Jacquot,* tout me prouve dans les circonstances que je pourrois en être fâché ou regretter de l'avoir fait.

La fièvre révolutionnaire.

25 juin. *Décret qui suspend l'exercice des fonctions royales et des fonctions exécutives entre les mains du Roy.*

Confirmé par le décret de samedy 16, du 16 juillet.

N° 712 (2). Il ordonne que l'effet du décret *cy dessus subsistera jusqu'à ce que la charte constitutionnelle ait été présentée au Roy et acceptée par Luy.*

Motion de M. de Lafayette sur le sommeil Royal (3).

Reproche du deffaut de *cette adresse aux françois* (4) le vendredy. Promesse et rendue illusoire, le samedy par M.

Regrets qu'elle n'ait point eu lieu ; elle eut sans doute prévenu la pétition et son objet.

N° 712. Assemblée nationale.

Le 15 juillet, dénonciation du s^r *Laurisset* sur des manœuvres relatives au Roy.

On vouloit, il étoit d'une haute politique d'engager les citoyens l'un contre l'autre.

---

(1) Verrières avait été en effet chargé d'une mission à Chevreuse pour l'approvisionnement de Paris. Voir mon article *Une candidature de Fabre d'Eglantine,* dans les Annales Révolutionnaires. Octobre 1911.

(2) Verrières renvoie au n° du *Procès-verbal* de la Constituante qui renferme les décrets qu'il invoque.

(3) A la séance du 5 août 1791, Lafayette avait demandé que « le sommeil des fonctions royales cessât ».

(4) Le 16 juillet l'Assemblée avait décidé de faire une adresse aux Français.

N° 712. Le mot *factieux*, *étranger*, terme bannal et de *convention*.

Lundy 18 juillet.

Décret contre les séditieux, etc.

Bon pour Marat, Fréron, etc.

N° 718. Suleau.

(Arch. nat., F⁷ 4623).

Brouillon de Verrières pour sa défense, n° 2.

La pétition est-elle un acte attentatoire au respect, à la soumission due aux décrets, à la Constitution ?

En ce cas, comment l'Assemblée est-elle, a-t-elle été indifférente à la protestation publiée des 290 membres (1) : protestation réellement destructive de la Constitution et le symbole de la contre-Révolution ?

La Pétition n'est qu'une demande, une remontrance au Corps législatif, qui peut y faire droit ou la rejeter ? Les protestations individuelles des 290 ne sont-elles pas plus dangereuses contre la Constitution ?

La plainte contre nous appelle une *signature criminelle*, celle des pétitionnaires.

Et celle des 290 est non seulement imprimée, mais loin d'être un crime, un titre glorieux pour les 290 signataires.

Et les 290 sont nos ennemis déclarés. On les connaît assez pour que je craigne d'être démenti ?

(Arch. nat., F⁷ 4623).

Autre brouillon, n° 3, du 17 août 1791.

Il s'est évadé cette nuit 11 prisonniers de la Conciergerie qui ont pratiqué une sortie au dehors.

Toute la chambrée eût pu se procurer la liberté par la même porte, mais les sʳˢ *Le Gris*, mᵈ frippier cimetière des Innocens; le sʳ *Marchand*, commis au bureau de la Grande-Porte; le sʳ *Tole*, mᵈ fruitier, rue Sᵗ-Germain-l'Auxerrois, tous trois détenus depuis longtemps à la paille *pour des motions au*

---

(1) Il s'agit de la protestation du côté droit contre la suspension du roi.

sujet du Champ-de-Mars ont refusé leur liberté, et, innocens, ils ont préféré d'être jugés. Voilà les mauvais citoyens, les factieux, que l'on incarcère, que l'on renferme avec les criminels !

Avec eux était aussi le s^r *Pomel,* blanchisseur au Gros-Caillou, rue de la Vierge, qui a partagé la vertu de l'innocence et a voulu aussi être jugé. Le s^r Pomel ainsy que les s^{rs} *Richard l'aîné* blanchisseur, *Richard jeune* nourrisseur de bestiaux, *Barbotte,* voiturier et *Brossard,* déchireur de betteraves, tous citoyens du Gros-Caillou, et arrêtés comme bons patriotes pour avoir défait les ennemis de la Révolution, pris part à la mort ou au supplice de deux hommes dont le Peuple indigné a fait justice, le dimanche matin au Gros-Caillou.

Si le s^r *Pomel* eut été coupable, il eut fuy, il ne l'a pas fait, pouvant le faire. Quelle glorieuse prévention à son égard et combien cela doit faire présumer avantageusement de ses co-accusés !

(Arch. nat., F⁷ 4623).

Brouillon n° 4.

Pourquoi souvent chez Le Gendre ?

C'est que Le Gendre voyait souvent Lameth, Barnave, etc.

Que cette liaison dont il m'instruisoit étoit le thermomètre de mon patriotisme.

M. L. F. [Lafayette] doit son élévation au club des Cordeliers.

(Arch. nat., F⁷ 4623).

Brouillon n° 5.

Certes, si le décret avait été rendu par des *Compétens,* si la protestation n'eut point été l'un des objets de ce décret, je le déclare, l'obéissance étoit aveugle.

L'Assemblée avoit parû négliger cette observation des protestans sur la compétence.

Voilà ce qui irritoit.

La Pétition tendoit à faire revenir l'Assemblée sur cette négligence et forcer ainsy par l'opinion publique les protes-

tans ou à se désister de leurs protestations ou à se ré-
cuser (1).

Au moins la manifestation d'un vœu réclamatif faite par le
Peuple de Paris, ce *Bon peuple.*

République.

La définition de *Rousseau* convient à la monarchie cons-
tituée par les représentans, c'est un Etat où la souveraineté
appartient au Peuple qui, par ses représentans, concourt à la
formation des loix, mais où leur exécution est confiée au pouvoir d'un seul.

(Arch. nat., F⁷ 4623).

(1) La pétition rédigée sur l'Autel de la Patrie le jour du massacre du
Champ-de-Mars déclarait que le décret qui avait mis Louis XVI hors de
cause était « nul dans la forme et dans le fond, nul dans le fond parce
qu'il est contraire au vœu du souverain, nul dans la forme parce qu'il
est porté par 290 individus sans probité », les 290 protestataires du côté
droit. Voir mon livre, pp. 135-136.

VI

Les Confrontations

Par son jugement du 31 aoust 1791, qui avait terminé l'addition d'information (1), le tribunal avait décidé, sur les conclusions de l'accusateur public, que « les témoins ouïs ès informations *seraient* récollés sur leurs dépositions et confrontés aux accusés et que les dits accusés *seraient* récollés sur leurs interrogatoires et affrontés l'un à l'autre en ce que besoin sera ». Le tribunal procéda effectivement à ces récollements et confrontations dans la première quinzaine du mois de septembre.

Les papiers de Verrières nous ont conservé le texte des confrontations dont il fut l'objet avec les témoins qui l'avaient accusé. Ce texte forme un cahier de seize feuillets, dont huit seulement sont écrits, précédé du titre suivant : « Mes Récollemens et confrontations ». (Arch. nat., F⁷ 4623.)

Confrontation de Hulin avec Verrières
[Mardi 6 septembre 1791.]

Hulin, 16ᵉ témoin, a persisté et dit reconnoître l'accusé.

Le sʳ Verrières a dit avoir reproche et pour reproche que le témoin est non seulement susceptible de ressentiment contre l'accusé, mais qu'il [en] eut souvent manifesté les dispositions pour avoir porté la parole au tribunal de police dans le courant de janvier dernier lors de l'affaire des mouchards, dans laquelle le sʳ Hulin capitaine des chasseurs à l'École militaire est intervenu ainsi que d'autres se plaignant avec lui d'avoir été dénoncé comme mouchard, ainsi qu'il est porté dans la sentence du 18 décembre dernier, rendue audit tribunal, sur laquelle contestation est intervenue une autre sentence du 10 janvier suivant, dont appel encore indécis a été fait le 18 suivant.

Le témoin, répondant aux reproches, a dit que les papiers

(1) Voir ce jugement dans mon livre, p. 374.

publiques *(sic)* et notamment l'*Ami du peuple* l'avoit mis dans ses feuilles comme homme très suspect et s'est servi du terme de mouchard et notamment a appris que les inculpations faites par le sr Mara *(sic)*, dit l'ami du peuple, venoient de plusieurs mécontens qui n'ont pas eu le bonheur d'être placé dans la Révolution, ignorant pourquoi tenoient séance dans un endroit dit La Boule Blanche faubourg St-Antoine (1), qu'il s'est transporté à la séance composée environ de 400 personnes, ses anciens camarades d'armes, et a demandé si véritablement les inculpations faites contre lui dans le journal de Marat venoient d'eux, à quoi ils ont répondu qu'à la vérité on avoit cherché à tromper leur patriotisme sur son compte et, après plusieurs débats, qu'il leur a répondu qu'il ne quitteroit pas la salle sans avoir une preuve justificative de ce que Marat avance contre lui. M. Santerre président dudit Commité est survenu, et, après lui avoir exposé lesd. raisons et d'une voix unanime, tous ses compagnons d'armes de la Bastille ont dit qu'ils n'avoient rien à lui reprocher et qu'il s'étoit conduit pendant tout le temps de la Révolution en brave et digne militaire, qu'il a demandé acte de ce qu'il a avancé et qu'il en a reçu un certificat du bureau de l'Assemblée, à la suitte de la justice à lui rendue par ses camarades d'armes qui lui ont apporté de la bierre et l'ont embrassé, que dans tous les cas il est prêt à prouver qu'il n'est ni espion, ni mouchard, et qu'il en donnera des preuves et n'a plus voulu répondre aux reproches.

A dit que c'étoit de l'accusé présent dont il a entendu parler par sa déposition sous la désignation de Verrières auquel il soutient sa déposition véritable.

L'accusé a dit qu'il persiste dans les moyens et motifs de reproches contre led. témoin qui sont restés entiers et auxquels le témoin n'a pas répondu.

Et l'accusé nous a requis d'interpeller le témoin de déclarer de quel droit, par quelle autorité et en vertu de quel ordre et pour quel délit il déclare qu'il vouloit l'arrêter, lui et le sr Tournay, et que, s'ils ne l'ont pas fait, c'est qu'ils n'étoient pas en force.

Le témoin répondit que voyant le sr Verrières courant à cheval et appellant les ouvriers pour se rendre au Champ de

____

(1) Voir mon livre, p. 19, note 4.

Mars, il avoit d'abord donné quelqu'inquiétude sur son compte mais que ses inquiétudes ont redoublé lorsqu'il lui a entendu dire : on vous attend au Champ de Mars, à differents citoyens : on veut compromettre votre liberté ; qu'il s'est retourné, qu'il a vu le s^r Verrières redoublant le pas et récidivant les mêmes paroles à tous les passants, gagner le côté du bord de l'eau ; que le voyant fort éloigné de lui et, après lui avoir entendu répéter les paroles cy-dessus, il a redoublé de vitesse et s'est transporté au Champ de Mars pour voir si véritablement tout ce que M. Verrières annonçoit sur son passage étoit la vérité, qu'il a vu avec grand étonnement un grand attroupement assez considérable pour lui prouver que ce qu'il avoit avancé étoit vrai, n'étant pas en force suffisante pour dissiper un attroupement qu'il a cru contre la loi, il s'est retiré et en a donné avis à M. le Maire.

Nous a encorre requis le témoin de déclarer s'il est entré dans le Champ de Mars, jusqu'à quelle distance de l'autel de la patrie, ou s'il n'a pas examiné ce qu'il dit dessus la contre-allée.

Le témoin a dit qu'il s'est avancé dans le Champ de Mars par la grille ditte des Moulins et qu'il est entré par le passage en face de l'Ecole Militaire, qu'il s'est avancé près de deux cents pas et qu'il a vu un attroupement autour de l'autel de la patrie assez considérable pour prouver ce qu'annonçoit M. Verrières précédemment ; observe que le lieutenant M. Tournay est entré dans l'École au moment ou il faisoit ses observations ; ajoute qu'il lui a été impossible d'entendre ni même de distinguer les personnes y rassemblées.

Interpellé de déclarer quelle heure il pouvoit être lorsqu'il étoit au Champ de Mars et si dans le groupe, du côté du Gros Caillou, il n'a pas remarqué ou ouï dire, alors ou depuis, qu'il y avoit deux officiers de la garde nationale à cheval, dont l'un plus grand et l'autre plus petit :

A répondu : entre 2 heures et 2 heures 1/2, et qu'il n'a apperçu alors personne à cheval dans le Champ de la Fédération, mais que le matin, vers les 9 heures, un officier de la garde nationale s'y étoit présenté à cheval et qu'il avoit été repoussé à coup de pierres et force menaces, que le poste ditte la Grille des Moulins avoit cherché à protéger l'évasion de ce dernier, crainte de plus grand malheur.

Interpellé le témoin de déclarer de quelle taille, de quel poil étoit le cheval de l'accusé s'il étoit courte queu et sans oreil.

A répondu qu'il lui a été impossible, par la vivacité dont le s^r Verrières alloit et occupé des ouvriers qui parloient au s^r Verrières en courant, si son cheval avoit courte queu et oreil, mais que le cheval lui a paru noir, de plus que des détails aussi minutieux de la part de l'accusé lui empêchent d'y répondre d'après ce qu'il a dit cy dessus.

Interpellé l'accusé de répondre s'il étoit en habit bourgeois ou en uniforme et quel sorte d'uniforme ?

A répondu que, comme la demande de l'accusé, sur son habillement qui doit être regardé comme nécessaire et qu'elle n'entre pas dans les détails minutieux cy dessus, que le s^r Verrières étoit en redingotte bleu, lui paroissant être celle des officiers de la garde nationale.

Interpellé le témoin s'il n'a pas été à Genève, s'il n'y a pas demeuré à quel époque et combien de tems ?

A dit qu'il est arrivé à Genève en 82, année des mouvements de cette république, qu'il a servi la république en qualité d'adjudant depuis 82 jusqu'en 85, et qu'il prouvera par ses certificats des chefs de corps où il a servi et du club patrio-tique de ce pays qu'il l'a servi en qualité de patriotisme et distinction, et que le destiné *(sic)* à passer dans la légion de Maillebois au service de la Hollande, il a obtenu une lettre de M. de Crassi adressé *(sic)* à M. de Conflans commandant des hussards, et que ce dernier ne lui a pas obtenu l'emploi qu'il désiroit, quoiqu'attaché au régiment des Gardes Suisses, le témoin est porteur de toutes les pièces nécessaires prouvant que, depuis 1771 jusqu'à ce jour, il a servi son pays en militaire sauf l'interruption de son emploi à la Buanderie (1).

Interpellé le témoin de déclarer s'il n'a pas été occupé à la buanderie de la reine à la Briche (2), en quelle qualité et com-bien de temps ?

A répondu qu'ayant obtenu la permission de se retirer du service, il a obtenu en attendant une place militaire, celle de Directeur de la Buanderie de la Briche où il a été depuis 1787 jusqu'en 89, époque où la Révolution a commencé et où il s'est signalé au siège de la Bastille, où il a pretté ses magazins, ses

---

(1) On trouvera les états de service de Hulin dans J. Durieux, *Les Vainqueurs de la Bastille*, p. 105. Hulin remplit les fonctions d'adjudant-major de la place de Genève du 1er février 1781 au 15 février 1783.

(2) La Briche près Saint-Denis.

lits pour recevoir les grains et farines nécessaires à la subsistance de la capitale et logé le détachement à lui confié pour protéger les subsistances et il cite pour témoin de ses opérations, difficiles alors, entr'autres M. St-Félix et M. Deleutre chargés de l'approvisionnement, qu'il a quitté cet emploi de 4.000 l. d'appointement pour servir conjointement avec ses camarades la cause commune.

Interpellé le témoin de déclarer si avant d'entrer au régiment de Tourraine, il n'étoit pas attaché à M. de Conflans et en quelle qualité ?

Répond qu'il n'a pas connu M. de Conflans, qu'en arrivant de Genève, étant chargé d'une lettre de recommandation pour le protéger dans les gens de Maillebois, quoiqu'attaché au régiment des gardes suisses, et qu'il n'a point été attaché à M. de Conflans avant d'entrer au régiment de Tourraine.

Interpellé le témoin de déclarer pourquoi, étant si près du s^r Tournay, lorsque l'accusé, ainsi qu'ils le disent, parloit aux ouvriers ils ne sont pas d'accord sur les discours prétendus tenus par l'accusé ainsi que sur la vitesse de la course de l'accusé?

A répondu qu'il persiste dans sa première déposition et qu'il n'a plus rien à répondre.

Interpellé si le témoin n'a pas commandé un détachement un des jours du procès de Mr Santerre aux Minimes, s'il n'a pas manifesté des dispositions de ressentiment contre le deffenseur du s. Santerre ?

A répondu qu'il a été commandé pour se transporter à la Place Royale pour y rétablir la tranquilité publique qui paroissoit en danger, qu'il n'a jamais manifesté aucune espèce de mécontentement ni pour ni contre et qu'il est resté comme à son ordinaire à la tête de sa compagnie.

Interpellé de déclarer fixément l'endroit où il a vu le s^r Verrières parlant aux ouvriers et courant à cheval ?

A dit que c'est suivant ce qu'il peut se rappeller malgré l'espace des temps, il a vu le s^r Verrières dans un des chemins du quinconce du côté droit, c'est-à-dire du côté du Gros Caillou qui conduit au bord de l'eau et criant de toutes ses forces qu'il falloit aller au Champ de Mars et a dit qu'il lui a été impossible continuant son chemin vers le champ de la Fédération de distinguer la route qu'a pu prendre le s^r Verrières après qu'il l'a eu apperçu dans le lieu qu'il vient de parler et alors ils étoient tout prêt l'un de l'autre ; ajoute le témoin que, lorsqu'il dit avoir entendu le s^r Verrières parler aux ouvriers, il pouvoit être à deux ou trois toises éloigné de lui ; que des ouvriers marchoient partie devant lui partie derrière quelques pas devant lui et le s^r Verrières quelques pas devant eux.

Après sa confrontation avec Hulin, Verrières commenta ses réponses dans une note acerbe qu'il destinait sans doute à la presse et dont certains passages méritent d'être connus.

Il décrit d'abord son adversaire et en fait ce portrait satirique : « Le sieur Hulin est enfin paru fort échauffé, d'un air rodomond, il souffloit, suoit et juroit, d'abord il s'allonge et met le coude sur le bureau du juge qui l'a rappellé à l'ordre, puis son large feutre a remplacé le coude, il se levoit, il s'asseoit, faisant de grands *haut le corps*, il ne parlait que de vérité, de bravoure, de patriotisme. On ne dira point qu'il médisoit... »

Verrières donne ensuite une analyse de ses réponses, puis il conteste que les Vainqueurs de la Bastille aient délivré à Hulin un certificat de non-mouchardise : « Il a entre autres choses avancé que le sieur Santerre, président de la société des volontaires de la Bastille assemblés à la Boule Blanche luy avoit remis dans cette assemblée un certificat de non-mouchardise. Ou le s^r Hulin en impose et cela n'étonne point, ou le s^r Santerre a donné depuis peu ce certificat démenti par le fameux Procès-verbal du 19 décembre signé *Santerre*, secrétaire. Ce fait est essentiel à veriffier et l'on somme le s^r Hulin au nom de la vérité de faire insérer dans le prochain numéro de Prudhomme 1) ce certificat sur une copie conforme à l'original et signé de deux officiers de la garde nationale. »

Puis Verrières se plaint de l'attitude du greffier du tribunal, Godreau qui manifestait de l'impatience aux questions un peu vives que l'accusé posait à son ami Hulin. Godreau aurait pris Hulin à part pour lui donner des conseils au sujet de réponses à faire aux interpellations de M. Chévéry, défenseur de Verrières.

Verrières enfin conteste l'exactitude des renseignements que Hulin a donnés sur son passé. Il résume ainsi son *curriculum vitæ* :

« Hulin

D'abord laquais chez M. ... (2).
Puis *idem* chez M. de Conflans.
Soldat au régiment de Tourraine,

---

(1) Du journal *Les Révolutions de Paris* dont Prudhomme était propriétaire.
(2) Nom en blanc.

Déserteur,

Réfugié à Genève, garçon limonadier,

Lors de la Révolution adjudant dans la compagnie des Anti-Patriotes,

Forcé de s'enfuir de Genève et de céder à la prépondérance des patriotes (1),

Revenu en France, y a profité de l'admnistie (*sic*) accordée aux déserteurs,

Placé à La Briche à la buanderie de la Reine où il ne s'est pas acquis une bonne réputation (2),

Même tort, même inconduite à Saint-Denis.

Le hazard l'a rendu l'un des vainqueurs de la Bastille.

A la formation de cette compagnie, il a eu le talent de s'en faire le chef.

Il est devenu le tyran de ses camarades et l'ennemi de ses frères d'armes.

On luy a reproché certaines infidélités dans les comptes de la compagnie, les volontaires de la Bastille en ont adressé les plaintes de toutes parts : plusieurs ont été punis de cette démarche et, comme la compagnie est composée de déserteurs et d'émigrans au préjudice des vainqueurs de la Bastille qui seuls y avaient droit, il luy a été facile de provoquer des combats, de susciter des mauvaises rencontres, on a vu disparaître beaucoup de ceux qui s'étaient plaint contre luy (3). »

Confrontation de Verrières avec Tournay

(Mardi 6 septembre 1791)

27e [témoin]. Louis TOURNAY a persisté dans sa déposition.

A dit savoir ne pouvoir dire positivement s'il reconnoit l'accusé présent.

L'accusé a dit ne pas reconnoître le témoin et ne l'avoir jamais vu.

(1) Dans la note analysée plus haut, Verrières ajoute que Hulin a fui Genève en tuant une sentinelle lorsque les patriotes reprirent le dessus.

(2) Verrières conteste que Hulin ait été directeur de la Buanderie. Cette entreprise avait fait faillite. Hulin en fut nommé gardien par autorité de justice.

(3) On trouvera dans la *Vie véritable du citoyen Jean Rossignol*, p. 96 et sq, les accusations que Rossignol, un des vainqueurs, porte contre Hulin. Rossignol déclare (p. 123) qu'il avait rassemblé des preuves de toutes ses friponneries, qu'il les soumit à la Commune, mais que la Commission d'enquête refusa d'en tenir compte. Rossignol eut aussi des altercations avec Tournay, l'ami de Hulin, qui déposera contre Verrières.

Demandé au s. Verrières s'il a des reproches à faire ? A dit qu'oui et que pour reproche, le s' Tournay étant sous-lieutenant de la compagnie du s' Hulin, et l'accusé ayant porté la parole au tribunal de police de la ville dans le courant de janvier dernier pour des citoyens patriotes et les vainqueurs de la Bastille intervenants contre le s' Estienne mouchard, en faveur duquel est intervenu au même tribunal le s' Hulin, capitaine de la garde nationale de la 8ᵉ compagnie des chasseurs soldés, se plaignant avec d'autres d'être accusé de moucharderie, ainsi qu'il est porté en la sentence du même tribunal du 18 décembre 1790, sur laquelle contestation est intervenu, 10 janvier 1791, jugement interlocutoire, dont appel du 18 dud. mois, et attendu que le s. Hulin, capitaine du s' Tournay, témoin, et auquel il doit sa place, a, depuis cette affaire des mouchards, juré la perte de l'accusé, il reproche le s' Tournay comme partageant nécessairement les sentiments du s' Hulin et comme complice de sa vengeance.

Le témoin a dit qu'il ne partage aucun des sentiments du s' Hulin relativement à la vengeance que l'accusé annonce que led. s' Hulin conserve contre lui, qu'il ne tient pas sa place du s' Hulin, mais de la municipalité et du général, n'a plus à répondre aux reproches.

L'accusé a dit pour deffense que la déposition du temoin est fausse et qu'il ne se rappelle pas d'avoir vu le temoin.

Le temoin a persisté et dit qu'il ne peut pas dire positivement si l'accusé présent est le même que celui dont il parle par sa déposition, mais qu'il a vu un particulier à cheval bossu par devant et derrière, vêtu d'un frac ou reguingotte d'uniforme de la garde nationale, lequel parloit à des ouvriers et par lesquels ouvriers il a entendu prononcer le nom de Verriere.

L'accusé nous a requis d'interpeller le témoin de déclarer si c'est pour la première fois qu'il a vu l'accusé et s'il ne lui avoit pas encore été désigné comme il est cy-dessus ?

Le temoin, répondant à lad. interpellation, qu'il avoit entendu auparavant parler de l'accusé sous le nom de Ver-riere, mais ignorait qu'il fut bossu, ne l'ayant jamais vu.

Et l'accusé nous a encore requis d'interpeller le temoin de déclarer positivement si c'étoit reguingotte et frac d'uniforme national dont il étoit revêtu, lorsqu'il dit l'avoir vu, et le temoin repondant à l'interpellation a dit qu'il ne peut pas désigner positivement la forme de l'habit de l'accusé mais croit que c'étoit un surtout ou une redingotte (*sic*) bleu d'uniforme.

Interpellé le témoin de déclarer ce qui, à ses yeux, a caractérisé l'uniforme de la garde nationale ?

A répondu que c'est la couleur bleue du vêtement qu'avoit l'accusé qui a caractérisé à ses yeux l'uniforme de garde nationale.

L'accusé nous a requis d'interpeller le témoin de déclarer si, lorsque l'accusé a parlé, comme le dit le temoin, à des ouvriers, il étoit, lui témoin, auprès du s. Hulin, si tous les deux ont du entendre et ce qu'a dit l'accusé et ce qu'ont dit les ouvriers, comme aussi à quelle distance étoit l'un et l'autre de l'accusé lorsqu'il parloit aux ouvriers ?

Le témoin a répondu que lui étoit éloigné du sʳ Hulin d'un pied de distance, que, quand le particulier, dont il parle par sa déposition, a parlé aux ouvriers, led. particulier traversoit le pavé et les ouvriers marchoient sur la droite du pavé qui conduit au Champ de Mars et qu'il croit avoir été à la distance de 6, 8 ou 10 pieds dud. particulier dont il parle dans sa déposition et à un ou deux de distance des ouvriers.

Et l'accusé a interpellé le témoin de déclarer pourquoi, étant si près du sʳ Hulin, quand le particulier qu'il désigne parloit aux ouvriers, il a seul entendu ainsi qu'il l'annonce des propos tenus par lui aux ouvriers et s'il ne les a pas répété au s. Hulin?

Le témoin a dit qu'il a entendu les discours dont il parle par sa déposition et que depuis il n'en a pas parlé au s. Hulin.

L'accusé a interpellé le témoin de déclarer quel poil avoit le cheval, s'il étoit courte queu et les oreilles coupées ?

Le témoin a dit qu'il n'a pas remarqué la couleur du cheval, s'il avoit les oreilles coupées et s'il avoit courte queu.

Interpellé si le particulier dont il a entendu parler à cheval étoit en botte et éperon ou en bas de soie et soulier ?

Le témoin a dit qu'il a fait si peu attention à l'ajustement du particulier qu'il n'en sçait rien.

Interpellé le témoin de déclarer dans quelle allée de l'avenue du Champ de Mars communiquant aux Invalides il a vu le particulier?

A dit qu'il a vu le particulier sur le milieu de la chaussée pavée vis-à-vis les Invalides et vis-à-vis un amas de pierres déposé sur la plaine des Invalides.

Interpellé le temoin de déclarer si c'est au delà des Invalides ou entre les Invalides et le Palais-Bourbon ?

Le temoin a dit que c'étoit plus près du bord de l'eau que des Invalides sur la même route.

Interpellé le témoin de déclarer pourquoi il vient de dire qu'il a vu le particulier désigné venant du Champ de Mars par le Gros Caillou et pourquoi dans sa déposition il dit que ce même particulier parloit aux ouvriers dans l'avenue qui communique du Champ de Mars aux Invalides, tandis qu'il vient de déclarer qu'il ne l'avoit vu que dans l'avenue qui mène des Invalides au Palais-Bourbon et plus près de la rivierre ?

A dit qu'il y a une avenue qui communique du Champ de Mars au Gros Caillou, qu'en sortant dudit Gros Caillou, il y a une avenue plantée d'arbres qui communique du Gros Caillou aux Invalides et au Palais-Bourbon, que c'est sur cette chaussée qu'il a vu led. particulier.

L'accusé nous a interpellé de demander à l'accusé où il a vu le particulier désigné, si ce n'a pas été quittant le pavé qui aboutit de l'hôtel des Invalides à la rivierre et si le particulier n'étoit point alors près de l'avenue qui touche au Palais-Bourbon ?

A dit que le particulier dont il parle étoit sur la chaussée qui avoisine le Palais-Bourbon.

Interpellé le témoin de nous déclarer si, lors du procès du s⁣ʳ Santerre contre le général et le s⁣ʳ Desmottes, il n'a pas sçu quel étoit le deffenseur du s⁣ʳ Santerre ?

A répondu qu'il a entendu dire que c'étoit le s⁣ʳ Verrières, sans qu'il lui ait été désigné.

Le temoin interpellé de déclarer s'il n'a pas été commandé de garde aux Minimes dans les trois jours d'audience ou dans l'un d'eux ?

A dit qu'il se rappelle avoir été commandé l'un des trois jours, sans dire lequel.

Interpellé le témoin de déclarer si ce jour là ou les jours précédents et surtout depuis il n'a pas entendu, quelque part que ce soit, manifester aux personnes attachés à la garde nationale quelque sentiment d'inimitié, vengeance ou récrimination; si même on ne lui a pas inspiré d'y concourir en déposant contre un particulier dont la désignation est assez ressemblante à celle du deffenseur du s⁣ʳ Santerre ?

Le témoin a répondu qu'il n'a pas entendu parler de vengeance contre le particulier dont il a entendu parler, qu'il n'en a pas personnellement, qu'il n'a pas été excité par personne et qu'il a déposé ce qu'il avoit entendu.

Et le conseil de l'accusé nous a encore requis d'interpeller le témoin de déclarer si c'est de son chef, comme appelé à la requête de l'accusateur public, qu'il a déposé comme témoin ou si, avant sa déposition et l'assignation qui lui a été donnée, il auroit fait aucune déclaration au corps municipal ou aux comités des recherches de la ville ou si sa déposition n'auroit été faite que d'après les diligences du comité des recherches ?

A dit qu'il n'a parlé du contenu de sa déposition ni à l'état-major, ni aux commités des recherches, ni à qui que ce soit et quand il a reçu l'assignation il ne savoit pas pourquoi.

Pourquoi, lui ayant été lu un réquisitoire parlant de faits généraux sans dénomination de personnes ni détail d'aucuns faits particuliers, il s'est ingéré de déposer d'office d'un fait qu'il applique à un particulier quelconque qu'il dit lui avoir été nommé Verrières, que cette déposition ne pouvoit être faite suivant la loi qui veut qu'un témoin ne parle que des faits détaillés dans la plainte de ceux dénommés ou de celles qui pourroient y avoir eu part et comme dans le requisitoire, il n'y est nullement parlé du s^r Verrieres ni d'aucun fait de lui concernant, il s'ensuit que le témoin a fait une dénonciation et non une déposition et que par conséquent que c'est au témoin à justiffier du fait?

A dit qu'il a dit ce qu'il avoit vu, croyant qu'il y étoit obligé, puisqu'il avoit été assigné pour dire ce qu'il avoit vu.

Par le conseil de l'accusé a été requis acte de la déclaration faite par le témoin qu'il a déposé sur des faits étrangers à la plainte en conséquence prend led. témoin pour dénonciateur.

Ce qui a été octroyé.

Et de plus le conseil de l'accusé a encore requis acte de ce que le témoin a dit qu'il ne lui avoit pas été fait lecture avant sa déposition du réquisitoire de M. l'accusateur public et qu'il n'avoit déposé que d'après diverses interpellations qui lui avoient été faites, ce que le conseil ne peut croire, mais ce qui justiffie que le témoin parle très inconsidérément et sans faire attention à toutes les opérations de justice et à l'importance de ce qu'il dit.

A été octroyé.

Sur la confrontation qui venait d'avoir lieu, Verrières rédigea après l'audience la note de presse suivante :

« Le récollement et la confrontation des témoins du sᵣ Verrières a eu lieu à 5 heures du soir à l'Election (1) [le mardi 6 sept.].

Le sᵣ *Tournay*, le sᵣ *Hulin* et le sᵣ *d'Ermigny* étoient assignés.

Le sᵣ *Tournay*, lieutenant de chasseurs à l'Ecole militaire, a paru le premier. Le sᵣ Verrières a d'abord demandé qu'il n'y eut qu'un seul témoin présent et que les autres fussent séparés et restassent dans l'avant-salle. C'est une sage précaution et l'accusé a bien fait.

On a remarqué avec mécontentement la familiarité du commis-greffier avec le sᵣ Tournay avant que le juge et les accusés ne parussent.

Le témoin a beaucoup varié, il ne s'est pas bien rappelé si le sᵣ Verrières présent était *l'homme qu'il a vu à cheval*. La mémoire a été aussi infidèle sur la couleur et l'état du cheval, sur l'habit que portoit l'homme à cheval tandis qu'il s'est bien rappellé le discours qu'il prétend que le sᵗ Verrières a tenu aux ouvriers, discours de plus de quatre lignes. Il a dit que l'accusé ne couroit pas fort, qu'il l'a rencontré sur la chaussée qui avoisine le Palais-Bourbon en descendant vers l'eau, qu'il n'étoit qu'à 7 à 8 pieds d'eux, ces ouvriers n'étoient que des *serruriers*.

Ce témoin d'ailleurs n'est qu'un dénonciateur puisqu'il n'a déposé que sur le sᵣ Verrières et non sur aucun des faits de la plainte. Il a été reproché comme susceptible de partager nécessairement la vengeance trop notoire du sᵣ Hulin, son capitaine, contre le sᵣ Verrières.

Il n'est résulté de cette confrontation qu'incertitude, que propos vagues, que contradiction, rien de positif, rien qui puisse former un délit, rien qui puisse donner lieu à accusation. »

Confrontation du sᵣ *Dermigny* au sᵣ *Verriere*.
(Du Vendredy 9 septembre 1791.)

29ᵉ [témoin]. Le témoin reconnoître l'accusé et l'accusé reconnoître le témoin.

L'accusé a dit pour reproche au témoin qu'il est attaché au général (2) en qualité d'aide major genéral que la haine du general contre l'accusé, depuis le procès contre les mouchards et surtout depuis le procès du s. Santerre, dont l'accusé

(1) A la salle de l'Election au palais.
(2) Lafayette.

étoit deffenseur, est notoirement connue, qu'une preuve suffit pour l'établir, c'est que, dans cinq temoins de l'information contre l'accusé, trois sont gardes de la garde nationale essentiellement dévoués à la garde du général ; 2° en ce que le temoin est par état camarade du s^r Desmottes, partie au procès du s^r Santerre, et que le témoin est nécessairement complice de la vengeance du s^r Desmottes contre l'accusé ; d'autant plus que le vœu de tout l'Etat major à l'égard de l'accusé et les dispositions pour le perdre ont été manifestées publiquement ; 3° en ce que lors de l'arrestation de l'accusé le 21 juillet dernier, sur un ordre privé des administrateurs de police l'accusé étant à la mairie au violon, le témoin en présence de toute la garde, s'est fait ouvrir la porte et là du ton le plus méprisant et l'expression la plus vindicative, il dit : *Ah ! c'est le général Jaco, nous le tenons, nous serons au moins tranquille, nous tenons le chef;* 4° comme ayant déposé d'après des dispositions aussi ennemies manifestées devant toute la garde contre l'accusé et de n'avoir déposé sur un événement général d'après la plainte très générale encore que d'un fait particulier à l'accusé.

Le témoin, repondant aux reproches, a dit qu'il se faisoit honneur d'occuper une place près M. DeLafayette et se regarde inviolablement attaché seulement à son devoir, n'a repondu au second reproche, et sur le 3e a dit qu'il a prié l'officier de garde de lui ouvrir la porte, sa curiosité l'avoit portée à voir si en effet c'étoit M. de Verrière qui étoit arrêté, car tous les jours on étoit trompé par de faux bruits sur de pareilles arrestations, et nie en tout les propos, il a pû dire seulement et même dehors du violon : *cela est vrai, c'est bien lui,* du reste il s'en rapporte entièrement au rapport que pourroit faire l'officier de garde à la mairie ; sur le 4e et que le témoin n'a vû M. de Verrière ni aucune de ses manœuvres tant du samedy que du lendemain que dans le moment dont il parle dans sa déposition.

Et par l'accusé a repondu que le temoin a tort de dire qu'il ne s'est fait ouvrir la porte du violon que pour s'assurer de la personne arrêtée, d'autant que le commissaire de la section de la place Vendôme et le cy devant abbé de Douglas qui avoit arrêté et conduit l'accusé, arrivés devant la porte de M. de Gouvion, ont fait arrêter la voiture, ont envoyé l'un des gardes de l'escorte prévenir M. de Gouvion que c'étoit

Verrière, que l'abbé Douglas ajouta : *cela lui fera plaisir, je lui avois promis de ne pas le manquer ;* qu'ainsi l'état-major, depuis 9 heures jusques vers midy, que le temoin est venu parler à l'accusé, a été prevenu que c'étoit l'accusé M. Verrière ; que quant aux propos et aux ..... que le temoin a encore tenus à des personnes qui demandoient à parler à Verriere, qu'il ne prenoit la défense que des coquins, l'accusé se réserve d'en faire la preuve, ainsi que de réclamer la déclaration de toute la garde outre celle de l'officier. Le temoin a persisté dans son recolement.

L'accusé a dit que le temoin n'est point exact dans les propos qu'il prête à l'accusé, d'autant qu'il ne rend point compte lui-même de ce qu'il disoit au peuple quand l'accusé l'a abordé, que ces deux moyens de défense vont être développés par les interpellations suivantes : En conséquence,

Interpellé le temoin de déclarer si, lorsque l'accusé l'a joint, il ne parloit point au peuple de la pétition, si en abordant l'accusé, il ne lui a point repété ce qu'il venoit de dire au peuple que la petition étoit contre le général, contre l'état-major, contre ceux qui portent l'épaulette et si l'accusé ne lui a point dit que la pétition ne contenoit pas un mot de tout cela.

A repondu qu'il s'en réfère à sa deposition.

Interpellé de déclarer si le s^r Berger n'étoit point alors à côté de lui temoin, étant venus ensemble depuis la rue St-Florentin jusqu'à l'endroit où l'accusé les a joints rue St-Honoré ;

A repondu qu'il s'en référoit à sa deposition ;

Interpellé le temoin de déclarer depuis quand il connoît le s^r Berger ?

A repondu, a dit qu'il le connoît, le s. Berger, depuis qu'il est au monde.

Interpellé le temoin de déclarer si, lorsque l'accusé l'a rencontré, il ne venoit point de se promener aux environs du Champ de Mars ?

A répondu que non, mais y alloit.

Observé par l'accusé que, revenant de la rue St-Florentin où il avoit rencontré le s. Berger revenant des environs du Champ de Mars dans la rue St-Honoré où il a rencontré l'accusé, où ils ont cheminé encore en se separant un certain espace de chemin en revenant vers les Capucins, comment alloit-il au Champ de Mars par un chemin retrograde ?

A repondu qu'il s'en tient à sa déposition.

Interpellé le temoin de déclarer si en effet il a été au Champ de Mars ?

A dit qu'il n'a point été au Champ de Mars.

Interpellé de déclarer si, le dimanche 17, il n'a point accompagné le général au Gros Caillou ou au Champ de Mars, ou bien s'il n'y a point accompagné le soir la municipalité avec le drapeau rouge ?

Et le témoin a dit qu'il s'en tient à sa déposition.

L'accusé observe que les antécédentes observations sur les démarches du temoin, le samedy soir et le dimanche 17, sont essentiellement puisées dans la cause et dans l'intérêt de la justification de ses reproches contre le temoin : 1° sa déposition n'a dû être faite qu'après la lecture de la plainte, cette plainte ne contient que des détails de faits généraux relatifs à l'événement du dimanche et à ce qui l'a précédé ; le temoin par son grade a eu nécessairement part à ce qui s'est fait relativement à la loy martiale du dimanche, ces détails rentroient dans la plainte, ils devoient faire partie de sa déposition, par quel motif a-t-il donc déposé d'un fait particulier à l'accusé qui n'étoit pas spécialement désigné dans la plainte, quel motif a pû isoler les autres détails?

A dit s'en tenir à sa déposition.

Et de plus par le conseil de l'accusé a requis d'interpeller le témoin de déclarer si, avant sa déposition, il n'a point été faire une déclaration sur les objets dont il dépose, soit à la municipalité, soit à l'état-major, soit au comité des recherches et s'il n'a point invité le s. Berger comme temoin ?

A déclaré le temoin n'avoir fait aucune démarche que d'après l'assignation qui lui a été envoyée et n'avoir dit rien autre chose que ce qui est contenu dans sa déposition.

Et le conseil de l'accusé etc. de déclarer ce qu'il a entendu dire dans sa réponse par les manœuvres du jour et du lendemain du s' Verriere, desquelles il a dit n'avoir point connoissance ?

A repondu qu'il a entendu, par ces expressions, parler de la totalité des événemens qui s'étoient passés au Champ de Mars, dont M. Verriere lui avoit parlé la veille.

Interpellé de déclarer quelles étoient les manœuvres du 16?

A dit s'en référer à sa déposition.

Et le conseil de l'accusé a requis qu'il lui fut donné acte de

la déclaration faite par le temoin que d'office et n'étant dans
aucune fonction il s'est fait ouvrir la porte du violon le jour
de l'arrestation du s. Verrière, pour s'assurer que led. s. Verriere étoit arrêté, attendu que l'on étoit tous les jours trompé
sur de pareilles arrestations ?

Le conseil a demandé acte de ce qu'il n'avoit pas été au
Champ de Mars, parce que celui qui avoit appellé le peuple
n'y étant pas, il n'avoit plus rien à faire.

Interpellé de déclarer comment il a sçu que c'étoit le s. Verriere qui avoit rassemblé le peuple au Champ de Mars ?

A dit s'en referer dans sa déposition et dans ses réponses.

Après l'audience, Verrières commenta en ces termes les déclara-
tions de d'Ermigny : « Il s'est présenté la tête haute, le nez au vent
et au ton de corps de garde ; il ne l'a point quitté toute la séance.
Cet air a mal prévenu à son égard et il a justifié cette prévention
du peuple qui rarement se trompe. . . . .
... Croira-t-on que ce *Rodomond* s'est permis de jaser, de sacrer
dans le cours de la discussion : il se formalisoit des interpellations
de l'accusé... il s'ennuyoit de ce que cette séance étoit un peu
longue... il parloit de *son service* qui l'appeloit ailleurs, il sembloit
se refuser à satisfaire à tous les éclaircissemens qui pouvoient
acquérir la justiffication de l'accusé, comme si un honnête homme,
un témoin de bonne foy, appellé en confrontation, pouvoit avoir
une occupation plus sérieuse, rien de plus pressant, rien de plus
précieux que de concourir à éclairer la justice sur le coupable ou
sur l'innocent accusé, en rendant hommage à la vérité ! Aussy en
sortant le Peuple luy a témoigné toute son indignation et les
malédictions l'ont suivi jusque fort loin, il les avoit méritées de
nouveau par des nouvelles injures adressées au Peuple en
sortant.

Un des conseils, deffenseurs de la cause, M. Dubail (1), s'est
permis d'observer qu'il avoit designé l'accusé comme l'*instigateur*
du rassemblement du Champ de Mars; que cette inculpation
d'*instigateur* étoit une injure, dont il devoit fournir la preuve.

A ce mot *instigateur*, Mons *d'Ermigny* est monté sur ses che-
vaux, il a pris le tribunal pour un corps de garde, a offensé,
injurié à tort et à travers : Le Peuple poussé à bout a réclamé vengeance pour la Loy... Le juge, au milieu de ce désordre, a eû la
modération d'oublier ce qui étoit personnel à son caractère ; il a
menacé de lever la séance, si l'on se refusoit au silence que la Loy
prescrit... Cette conduite a augmenté le tort de celle du temoin qui

(1) Du Bail, avocat de Camille Desmoulins, voir mon livre, p. 327.

se livroit à toute l'intempérance d'une fausse bravoure (1). Le Peuple saisit cette nuance adroite de la part du juge et le silence régna bientôt. »

Confrontation de Verrières et de Berger.
[Vendredi 9 septembre 1791].

26ᵉ [témoin]. Jean Bernard BERGER a ajouté que c'est rue Sᵗ Honoré et non rue Sᵗ Florentin qu'il a rencontré le sʳ Verrière, et que, quand il dit avoir entendu le s. Verriere déclarer qu'il avoit écrit la pétition sur l'autel de la patrie, il faut substituer au mot *Ecrit* celui *Copié* (sic), a persisté dans sa déposition.

Le témoin a dit reconnoître l'accusé pour l'avoir vu le Samedy 16 juillet rue Sᵗ Honoré et être celui qu'il a entendu parler dans sa déposition, et l'accusé a dit ne point reconnoître le témoin et qu'il ne l'avoit jamais vu.

A dit l'accusé n'avoir aucun reproche à fournir.

Le temoin a dit que sur la désignation d'un particulier dont il a entendu parler sous le nom de Verriere par M. d'Ermigny.

L'accusé a repondu que le témoin n'avoit point donné assés d'extension aux propos qu'il dit lui avoir été adressés par le s. d'Ermigny en l'abordant, que des interpellations qui vont suivre naîtra l'analyse de cette defense, en conséquence le témoin a requis d'interpeller l'accusé de déclarer si, lorsque l'accusé s'est approché de lui et du s. d'Ermigny, ils n'étoient pas auprès l'un de l'autre ou à quelque distance ?

A répondu qu'il pouvoit être de distance entre quatre personnes du s. Verrière et du s. d'Ermigny.

Interpellé etc. de déclarer si, avant que l'accusé l'approcha, le sʳ d'Ermigny ne disoit point au peuple assemblé que la pétition étoit contre le général, l'état-major et autres portant les épaulettes, et si ce n'est pas ce que le témoin a exprimé par cette phrase de sa déposition : *n'est-il pas vrai, capitaine, qu'on fait au Champ de Mars des motions contre les épaulettes ?*

---

(1) Je ne suis que militaire, disoit-il, je ne sais que faire demy tour à droite. — *Et feu*, luy cria-t-on, du millieu de la salle... Allusion heureuse à la belle expédition du Champ de Mars, le 17 juillet. (Note de Verrières.)

A répondu qu'il n'a point entendu dire cela à M. d'Ermigny, qu'il ne peut pas présumer les intentions de M. d'Ermigny lorsqu'il a adressé cette question à M. Verrière.

Interpellé le témoin de déclarer s'il n'a point servi dans la garde nationale et quel grade il a occupé ?

A répondu qu'il avoit été capitaine dans la garde nationale, bataillon des Petits-Pères et qu'il y a près d'un an qu'il a quitté les épaulettes pour être simple soldat.

Interpellé de déclarer si alors il n'étoit point intimement lié avec le s. d'Ermigny ?

A répondu qu'il connoissoit le s. d'Ermigny avant la Révolution, qu'il l'avoit perdu de vue depuis cette époque et qu'il ne l'avoit vu que dans les occasions où son service approchoit près de lui.

Interpellé de déclarer si depuis qu'il est volontaire il n'a pas continué ses liaisons avec le s. d'Ermigny ?

A dit s'en référer à sa réponse à la précédente interpellation.

Interpellé le témoin de déclarer s'il ne doit point sa place d'inspecteur des droits d'enregistrement à la protection de M. Bailly et du général par l'entremise du s. d'Ermigny?

A répondu qu'il ne la doit qu'à la suppression de l'employ de directeur des farines.

Observe au témoin que cette interpellation n'est point étrangère à la cause parce qu'il est intéressant pour l'accusé de savoir comment le témoin a été appellé à déposer contre l'accusé sur un fait particulier à l'accusé, sur un fait hors de la plainte, sur un fait innocent en lui-même, en conséquence l'accusé interpelle le témoin de déclarer s'il n'a point revu le s. d'Ermigny depuis le samedy 16 juillet jusqu'au 30, jour de la déposition, ou s'il n'a point parlé et donné connaissance de l'objet de sa déposition ?

A répondu qu'il n'avoit point parlé à M. d'Ermigny depuis cette époque. J'ai été assigné à la requête de M. l'accusateur publié, j'ai dû déposer du fait qui étoit à ma connoissance ayant entendu que la plainte et le réquisitoire portoit sur des attroupemens qui ont précédé le 17.

Observé à l'accusé 1.° qu'il vient de dire publiquement qu'il avoit parlé dans la société de ce qu'il avoit entendu dire à l'accusé, interpelle à cet égard l'accusé de dire si ce n'a point été en présence de quelques personnes à lui connües pour être du comité des recherches ou des bureaux de la mairie ou de l'état-major ? ; 2° qu'il est étonnant que le témoin parle d'attroupement comme du motif pour lequel il a déposé contre l'accusé, tandis que dans sa déposition, rien ne porte essentiellement le caractère d'attroupement ?

A repondu qu'il n'a parlé à aucune personne du comité des recherches ni de l'état-major et à la 2ᵉ interpellation que ce qu'il avoit entendu étoit relatif à ce qu'il avoit déposé.

Interpellé le témoin de déclarer s'il sait par quelle personne l'objet de sa déposition a été communiqué au public ?

A répondu qu'il ignore absolument.

Interpellé de déclarer s'il ne mange point quelquefois chez M. le maire ou chez le général ?

A répondu qu'il n'a pas mangé chez M. le Maire et n'a eu d'autres relations avec M. Lafayette que celles que le grade qu'il avoit lui procuroit, qu'il y a été dîné quelquefois et que depuis le mois de may, il y a dîné deux fois et une fois depuis le 17 juillet.

Interpellé de déclarer si, le dimanche 17, il n'a point été sous les armes pour aller avec M. de Lafayette, soit le matin, soit le soir, avec la municipalité et le drapeau rouge, ou s'il n'étoit point de garde ?

A répondu qu'il a pris les armes ce jour comme tous les camarades quand on a battu la générale et qu'il n'est point allé au Champ de Mars ni à l'hôtel de ville.

Et le conseil de l'accusé, s'il a entendu toute la conversation qui a eu lieu entre le s. D'Ermigny et l'accusé ou s'il a quitté la foule avant que cette conversation soit finie ?

A dit qu'il n'a point entendu autre chose que ce qu'il a déposé, ayant été séparé par la foule et qu'il n'a point entendu la suite de cette conversation.

Et par le conseil de l'accusé de déclarer si, ayant eu occasion de voir le s. Verrière, soit lors de son interrogatoire, soit partout ailleurs, il n'a pas dit en parlant de lui, que c'étoit un gueux, un misérable, qu'il méritoit toute la sévérité de la justice ?

Le témoin a dit qu'il voit le s. Verriere pour la seconde fois, qu'il ne s'est jamais permis et ne se permettra jamais des personnalités à l'accusé.

Le Conseil de l'accusé a requis qu'il lui soit donné acte de la réserve qu'il fait de se pourvoir en dommages-intérets

contre le temoin pour avoir dit dans sa déposition que le
s. Verrieres avoit écrit la pétition sur l'autel de la patrie,
tandis qu'à son récollement il y a substitué le mot copié,
différence d'expression qui a pu être très préjudiciable à
l'accusé lors du vû des charges.

Ce qui lui a été octroyé

Lecture etc.

Confrontation de Verrières avec la femme Gérardin.

40ᵉ [témoin]. La femme du s. Gérardin, a persisté dans sa
déposition.

Le témoin a dit reconnoître l'accusé et l'accusé ne point
reconnoître le temoin.

Et l'accusé a dit avoir reproche :

Que le temoin est prevenu et subordonné (*sic*) pour déposer
contre lui, qu'au surplus la preuve en résultera des interpellations qui vont suivre.

Le temoin, répondant aux reproches, dit qu'elle n'a été ni
prévenue ny subornée pour déposer contre lui accusé,

Qu'il suffit que la nature des questions et de l'expression
scientifique dans laquelle est rendue dans cette déposition
par une femme qui n'est point susceptible de tant d'éru-
dition et à qui même la mémoire n'a pu fournir 18 jours, etc.

L'accusé a dit pour deffense que ce caractère à la subor-
nation qu'il a reproché au témoin est évident et que la con-
viction a pu être acquise par les interpellations suivantes.
En conséquence,

Interpellé le témoin de déclarer quel habit avoit l'accusé
ainsy que le chapeau, s'il étoit en soulier ou en botte ?

A répondu qu'il avoit un habit bleu, qu'elle n'a point
remarqué la forme du chapeau ni l'espèce de chaussure.

Interpellé si elle étoit seule, où elle alloit et où elle deve-
noit ?

A dit qu'elle étoit avec son mari, qu'elle venoit de faire
emplette de vin et qu'ils alloient chez un marchand de vin,
place de Grève.

Interpellé la témoin de déclarer pourquoi dans sa déposition
elle n'a pas dit que son mari étoit avec elle et pourquoi on a
plutôt assigné la femme que le mari dans une affaire si grave

où le témoignage d'une femme a toujours moins de poids que l'homme ?

A dit que son mari n'a point eu part à la conversation, qu'elle n'a point parlé de lui dans sa déposition.

Interpellé de déclarer où est son mari depuis environ deux heures et où il est maintenant ?

A repondu qu'il est avec le public en cette audience.

Interpellé de déclarer depuis quand on vend du vin chez elle outre le commerce de limonadier qu'elle continue ?

A dit que c'est depuis le 28 janvier 1789.

Interpellé de déclarer quelles sont les personnes habituées à boire chez elle vin ou bierre, si des citoyens du bataillon St André des Arcs et d'anciens membres du district des Cordeliers ne sont point ses pratiques ordinaires, le nom des principaux d'entre eux ?

A repondu que les personnes qui fréquentent le plus habituellement sa maison, sont des gens de maison, que les autres citoyens établis qui ont besoin de marchandise en viennent prendre chez elle, que le s. Hulin et le s. Salin (?) viennent rarement chez elle et qu'il vient aussi quelques fois un s. Caillé, qu'il y est venu aussi quelques fois des chasseurs, mais qu'elle ne peut pas dire de quel bataillon ils sont ;

Interpellé de déclarer si avant l'affaire du Champ de Mars et depuis, il n'a pas été tenu chez elle, en sa présence, ou en celle de son mari ou de ses fils, des propos contre l'accusé par aucun de ces chasseurs ou autres qui venoient boire chez elle ?

A répondu que non.

Interpellé de déclarer si elle n'a point été engagée à aller déposer contre l'accusé, si même elle ne l'a point fait avec peine, comme par estime pour l'accusé ?

A répondu qu'elle n'a point été sollicitée en revenant dans sa boutique, que quand l'accusé a été arrêté on lui dit qu'elle seroit entendue en témoignage, que cela lui a fait quelque peine, lorsqu'elle a connu l'accusé dans le commencement de la Révolution pour un bon patriote.

Interpellé si c'est le jour même de l'arrestation de l'accusé ou quelques jours après qu'on lui annonçat (sic) qu'elle seroit assignée pour déposer ; qui est-ce qui lui dit cela, s'il y avoit des temoins, leur nom ou celui de quelques uns d'entre eux ?

A dit que c'est quelques jours après son arrestation que le

s. Gosse menuisier, rue Macon, qui lui a dit qu'elle seroit entendu en témoignage et qu'il lui a dit devant elle et son mari seulement.

Interpellé de déclarer si le s. Gosse est dans la garde nationale, si elle et son mari le connoissent particulièrement, si depuis la déposition, ils se sont revus ainsi depuis l'assignation et quel sentiment a marqué le s^r Gosse sur la déposition ?

A dit que le s. Gosse est dans la garde nationale, bataillon St André des Arcs, dont il est grenadier, qu'elle et son mari le connoissent particulièrement, qu'elle l'a revu depuis l'assignation et la déposition et qu'elle lui en a fait part, qu'il étoit seul et qu'il s'est contenté de lui dire : *Eh bien, je vous l'avois bien dit que vous seriés appellé en témoignage*, mais qu'il ne lui a tenu aucun sentiment.

Interpellé si le détail des questions du dit témoin et des réponses dudit accusé portées dans sa déposition ne lui ont point été mises par écrit avant d'aller déposer, n'ayant pû lui être suggérées dans sa déposition ?

A dit qu'on ne lui a rien donné par écrit et qu'elle n'a point été suggérée.

Interpellé de vouloir bien répeter tout haut l'article de sa déposition qui concerne ses questions et la réponse de l'accusé ?

A dit qu'elle rencontra le s. Verriere sur les 7 heures du soir au port au bled, elle lui demanda, présence son mari, s'il avoit des nouvelles à lui apprendre ; a dit que non et a demandé s'il y avoit du bruit au Champ de Mars comme l'on disoit ; il a répondu qu'ils étoient 10.000, qu'il étoit à la tête et que le lendemain à onze heures il y en auroit 40 à 50 mille, lui a demandé pourquoi ce rassemblement et pourquoi ces signatures sur l'autel de la patrie, il lui a répondu que c'étoit pour protester contre les décrets de l'Assemblée et a demandé pourquoi on vouloit protester, l'accusé lui a répondu que c'étoit parce que l'Assemblée revenoit sur ses décrets pour le jugement du roy et que le peuple ne vouloit plus de ses décrets.

Le Conseil de l'accusé a interpellé quels sont les motifs qui ont déterminé son mari à assister à la présente confrontation ?

A dit qu'il n'avoit point d'autres motifs que la curiosité d'entendre la confrontation,

A requis acte 1° de ce que le temoin a déclaré que son mari étoit présent à la confrontation, aussi de ce qu'elle a déclaré qu'étant avec son mari lorsqu'elle a rencontré le s. Verriere, elle a dit ensuite qu'il n'avoit point entendu la conversation qui avoit existé entre elle et l'accusé.

Ce qui a été octroyé.

VII

Protestations et Réclamations de Verrières.

Par son ordonnance du 31 août 1791, le tribunal avait remis en liberté trois des principaux accusés de l'affaire du Champ de Mars, Brune, Momoro et Tissier. Il ne restait plus à la Conciergerie que Saint-Félix, compromis par ses menaces contre Lafayette, et Verrières, contre lequel on n'avait relevé que des propos bien insignifiants.

Verrières considéra que la justice du tribunal était boiteuse. Il avait autant de droits, pensait-il, à la liberté, que ses co-accusés. Si on le maintenait quand même sous les verrous, ce ne pouvait être que pour contenter la rancune de ses ennemis, de Lafayette et de ses mouchards !

Verrières dressa contre le jugement du tribunal la protestation suivante :

Protestation de Verrières contre le jugement du 31 août 1791.

Ce jugement est illégal 1° en ce que le rapport a été fait publiquement et non contradictoirement et en présence des parties, ce qui est opposé au vœu de la loy, art. XI et art. XIV du tit. 2 du décret sur l'organisation du 16 aoust 1790 (1).

Ce jugement est nul 1° en ce qu'il convertit en décret d'ajournement personnel les décrets de prise de corps des s^rs Santerre et Camille des Moulins ; 2° en ce qu'il convertit en décret pour être ouy le décret d'ajournement personnel du s^r ch^er de la Rivière qui également n'a point été interrogé.

Ce qui est contraire aux dispositions de l'ordonnance et aux principes de l'équité.

Il est à observer que, d'après l'ordonnance art. 12, tit. 15, les s^rs Santerre et Camille des Moulins, s'ils comparoissent

(1) L'article 14 du titre II du décret était ainsi conçu : « En toute matière vile ou criminelle, les plaidoyers, rapports et jugements seront publics, tout citoyen aura le droit de défendre lui-même sa cause, soit verbalement, soit par écrit ».

sur le nouveau décret d'ajournement, seront obligés d'être en prison pendant le tems de leur confrontation,

On a des raisons de croire que la conversion de ce décret n'est qu'un artifice captieux pour compromettre leur liberté.

(Arch. nat., F⁷ 4623.)

J'ignore si cette protestation fut rendue publique ou si elle fut envoyée aux juges.

Quelques jours plus tard, Verrières adressait à ses juges cette vigoureuse protestation :

Aux juges du tribunal de l'abbaye St Germain.

MESSIEURS,

Arrêté le 21 juillet, sous le nom de *Marat* et comme l'auteur ou le rédacteur de l'*Amy du Peuple*, j'ay été deux jours à La Force et le 24 on m'a conduit à l'abbaye... J'y suis resté 24 jours *au secret,* malgré les plus vives instances auprès de vous, Messieurs mes juges, *pour être interrogé : La Loy a été violée* et cette vexation étoit concertée avec mes ennemis ; vous étiez complices de leur vengeance.

Dans le même tems et par les mêmes principes, sur la foy d'une cabale, qui avoit séduit votre patriotisme pour égarer votre justice, vous vous livriez à l'instruction d'une procédure sanglante pour le Champ de Mars et j'y étois enveloppé... j'étois comme une des principales victimes qui vous étoit désignée. Aussy, par une perfidie indigne du caractère auguste des juges, vous n'avez commencé mon interrogatoire que le 7 aoust ; il n'a été continué et fini le 9 que parce que le 8 j'étois décrété de prise de corps dans l'affaire du Champ de Mars (1).

En sorte que le 10, sortant du secret à 9 heures du matin, je respirois enfin l'air commun, je jouissois au sein de la prison même de la liberté lorsqu'à midy l'exécuteur *Damiens* est venu, en vertu d'un décret de prise de corps, me transférer à la Conciergerie où je trouvoy MM. Brune, Momoro et St Félix.

---

(1) Ainsi Verrières était inculpé dans deux affaires, celle des libelles et celle du Champ de Mars.

Le même soir, M. Mutel rapporteur nous lut les charges et successivement il a procédé à nos interrogatoires ainsy qu'à des dépositions additionnelles.

Enfin, le 30 aoust, est indiqué le rapport public de l'instruction pour le règlement à l'extraordinaire. Instruit que ce rapport publique *(sic)* ne seroit point contradictoire avec les accusés, je vous adressay deux mots d'observations et je réclamai la loy... *La Loy fut encore violée.*

Le rapport fut continué au lendemain et ce jour-là, M. Chevry mon conseil vous présenta un placet pour que je fusse admis à porter la parole, si quelqu'un parloit. J'offrois même de me faire conduire à mes frais. La Loy ne deffend point, elle permet au contraire à l'accusé de *donner en tout état de cause ses faits justificatifs;* elle m'autorisoit donc à le faire et quelle circonstance plus précieuse ! Le résultat du rapport étoit de discutter : *Y a-t-il lieu à accusation* et l'analyse de cette question devoit précéder le règlement à l'*extraordinaire.*

Or, le s^r Poussepin, conseil de quelques accusés, a porté la parole. Vous me l'avez refusée et j'*étois accusé!* Par ce moyen, il n'a pas été dit un seul mot de la cause, pas un seul mot en faveur des accusés, pas un mot sur la grande question *Y a-t-il lieu à accusation ou non? La Loy a donc encore été violée.*

Par le jugement qui règle à l'extraordinaire, les décrets de prise de corps des s^{rs} Santerre et Camille Des Moulins ont été d'autorité convertis en décret d'ajournement personnel, celuy du chevalier de la Rivierre d'ajournement personnel en *décret pour être oui* et l'ordonnance criminelle ne permet ces conversions de décret qu'après que l'accusé a subi interrogatoire... Or, ny Santerre, ny Camille Des Moulins, ny le ch^{er} de la Rivierre n'ont subi interrogatoire et leurs décrets sont convertis. *La Loy a donc encore été violée.*

Cette manière de faire une déclaration positive à l'égard des s^{rs} *Brune, Momoro, Tissier, Santerre, Camille Desmoulins* et le ch^{er} *de la Rivierre* qu'il n'y a lieu à accusation, pour ramasser tout le poids de l'instruction criminelle sur *moy seul.* Moy seul seray victime parce qu'il vous en faut une, ne fut-ce que pour paroître n'avoir point tort, mais seul il est dans les fers, il reste sous le glaive de la justice et la nature des charges contre luy n'étoit pas moins susceptible de

faveur ou de liberté provisoire que celle des autres, si sa
cause eut été vue du même œil. Cette victime nécessaire à
votre justiffication sera bien agréable à la cabale qui vous a
jugé aux yeux de la postérité en vous confiant le soin de sa
vengeance contre un citoyen qui a autant mérité d'être décrété que ses co-accusés.   (Arch. nat., F⁷ 4623, non daté.)

Enfin, quand les confrontations furent terminées, Verrières
demanda sa mise en liberté provisoire par cette supplique :

A Monsieur l'accusateur public du tribunal du 6ᵉ arrondis-
sement séant à l'abbaye Sᵗ Germain.

Le sʳ Verrieres vous expose :
Que, depuis le 10 aoust, il est prisonnier à la Conciergerie
en vertu d'un décret décerné contre luy en ce tribunal ;
que l'instruction de la procédure n'a établi contre luy aucun
délit motivé, que le récollement et la confrontation des
5 témoins qui avoient déposé contre luy a achevé de détruire
jusqu'à la trace d'aucunes charges ; que les dépositions individuelles des témoins n'offrent qu'incertitude, contradiction
et invraisemblance; qu'y eut-il charge, il n'y auroit au plus
qu'un témoin isolé, non sur un fait ou sur un délit, mais sur
des propos vagues et insigniffiants ;
qu'ainsy, puisqu'il n'y a point de délit positif, il n'y a donc
plus matière à accusation grave, l'état de l'accusé est donc
plus favorable aux yeux de la loy puisque la confrontation
n'offre plus, au lieu de charge, que des moyens de justiffication. La liberté provisoire de l'accusé est donc en ce moment
moins une faveur qu'une justice : il est dans les termes de la
loy, il est justiffié qu'il n'a commis aucun délit, qu'il n'y a
contre luy aucune charge, que les témoins qui ont déposé
sont ses ennemis ou les complices de la vengeance d'autruy,
les agens d'une récrimination secrète, par conséquent subor-
nés et faux témoins.
Le sʳ Verrieres ne s'est permis aucune plainte, aucune récla-
mation contre la rigueur du décret, contre les surprises faites à
la religion et à la conscience de ses juges ; il a tout souffert en
silence ; il a tout sacrifié au desir de se justiffier et de confondre
ses ennemis ; les horreurs d'une longue prison étoient né-

cessaires pour y parvenir, il les a supportées avec patience ;
l'intervale jusqu'au jugement sera encore long, à cause de
l'instruction de la contumace et c'est un motif de plus pour
n'être point retenu plus longtems en prison. Mais il est de
son honneur, de son interet de ne devoir la liberté provisoire
qu'à la justice du tribunal et au mérite de sa cause, surtout
d'après la confrontation et non à la faveur des circonstances
et non à l'*amnistie*(1). L'amnistie n'est point l'objet de ses
vœux. La vertu et l'innocence rougissent d'un tel garant et
certes jamais il n'en profitera ny pour être libre, ny pour être
absou (*sic*). La liberté seroit sans charmes et sans douceurs
si elle étoit une grâce publique.

On se demande et l'on est étonné pourquoy le s⟨r⟩ Verrières,
l'un des accusés dans l'affaire du Champ de Mars et prisonnier à la Conciergerie depuis le 10 aoust, n'a point, comme
quelques autres décrétés, mis en couleur et délayé dans une
affiche publique l'amertume de sa bile contre la plainte homi-
cide de l'accusateur public *Bernard* et surtout contre les
calomnies, les atrocités des détails qu'il a fait insérer dans le
n° 3⟨e⟩ de l'*Ami des Citoyens* (2). Quoy ! aussy bon patriote,
aussi chaud, aussy sensible, aussy innocent qu'eux, Verrières s'est tû ; il souffroit les horreurs de la prison et ils
étoient libres ; avec autant de droit de se plaindre, il avoit et
les talens et les moyens et l'énergie pour donner luy-même
à sa cause le plus grand interet et il s'est tû... L'outrageante
ignominie de son arrestation, la honte de partager avec le
crime les horreurs de sa prison, les sentimens trop légitimes
de la colère et du désespoir, il avoit tout cela de plus en sa
faveur que les autres décretés, afficheurs ou réclamans, et il
s'est tû... C'est peu encore, lors du rapport pour le *réglement*
à l'extraordinaire, il a encore éprouvé une double injustice :
1⟨o⟩ la loy l'admettoit à exposer alors en public ses moyens jus-
tifficatifs mais pour le priver de cet avantage de la loy, le tribunal n'a pas permis qu'il portât la parole dans la crainte sans
doute qu'il ne traitât devant le Peuple avec son énergie ordinaire la fameuse question *Y a-t-il lieu à accusation ou non*,
ce qui eut été faire le procès à l'*accusateur public et au tribu-*

(1) L'amnistie fut votée le 13 septembre sur la proposition de Lafayette.
La lettre de Verrières est donc très voisine de cette date.

(2) Allusion aux affiches de Santerre et de Camille Desmoulins. Voir
mon livre, pp. 220-221.

nal luy même d'avoir décreté trop complaisamment ; 2° La loy ne permet point de convertir le décret de prise de corps en ajournement personnel avant l'interrogatoire et ce jour-là le tribunal a violé la loy, les co-accusés prisonniers en ont félicité ceux qui en étoient l'objet, puisque c'est une justice qu'on leur rendoit, d'autant plus précieuse qu'elle leur évitoit les horreurs de la prison. D'un autre côté, quoique les charges ne soient point obtenues contre les accusés prisonniers par leur information ou qu'elles l'étoient également envers tous, cependant le tribunal sans prononcer sur aucune demande en liberté provisoire a converti les décrets de prise de corps des trois prisonniers en décrets plus doux et les a mis en liberté.

VERRIÈRES.

(Arch. nat., F⁷ 4623, non daté.)

ERRATUM

J'ignorais en commençant ces recherches ce qu'était devenu Verrières en 1793. Le hasard d'une lecture m'a mis en présence du texte suivant qui donne la date approximative de sa mort :

« *Paris*. Des honneurs civiques ont été rendus dimanche dernier [17 février 1793] au cœur de Verrière, commandant de la gendarmerie que des députés d'Anvers ont apporté dans cette ville. La cérémonie a eu lieu dans la salle de la société des amis des droits de l'homme séante aux Cordeliers » (*Bulletin des Amis de la Vérité* du 20 février 1793).

P. 15, l. 12, *lire* Tournelle et non Tourelle.

TABLE DES MATIÈRES

ABBEVILLE. — IMPRIMERIE F. PAILLART

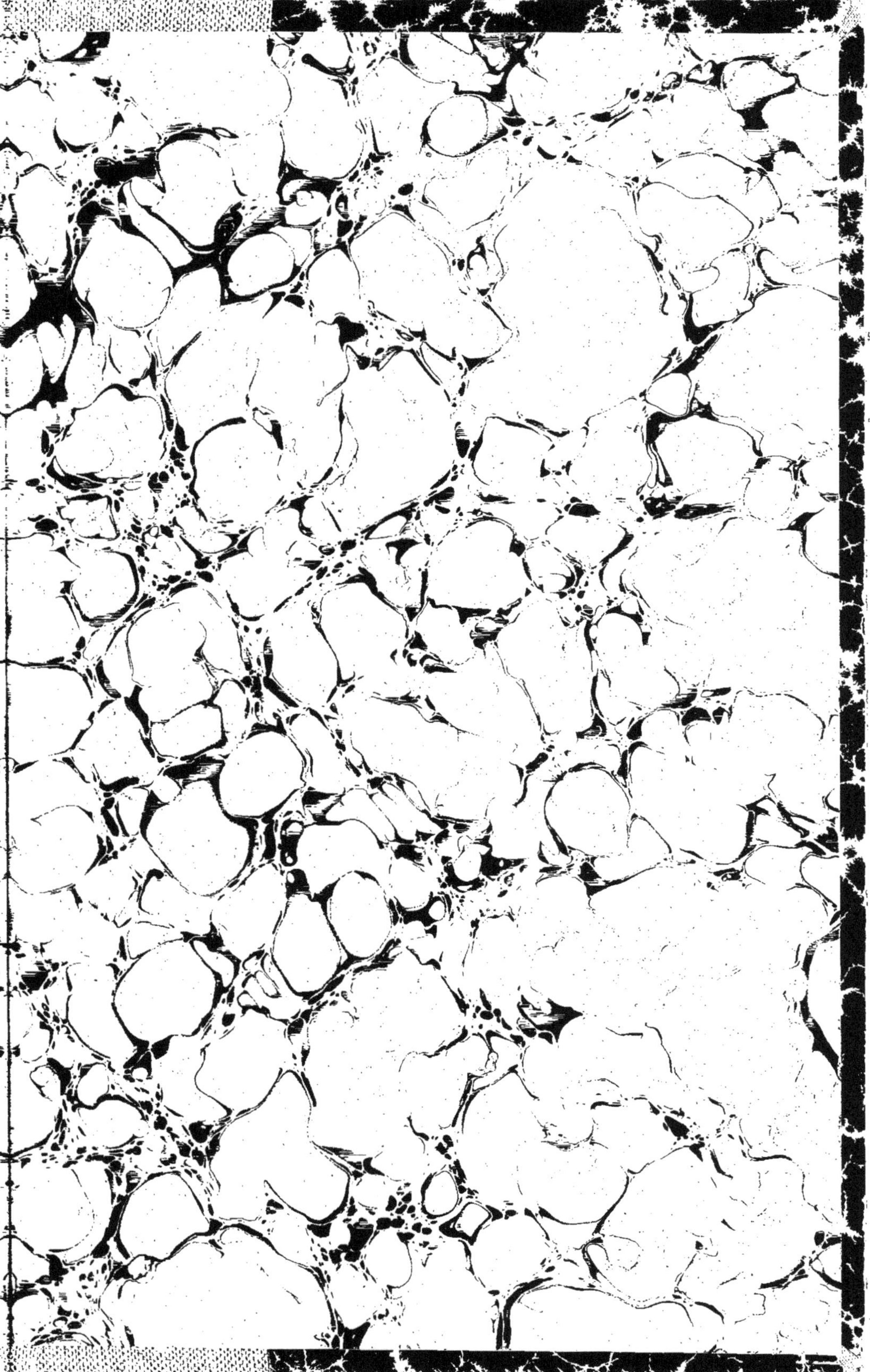

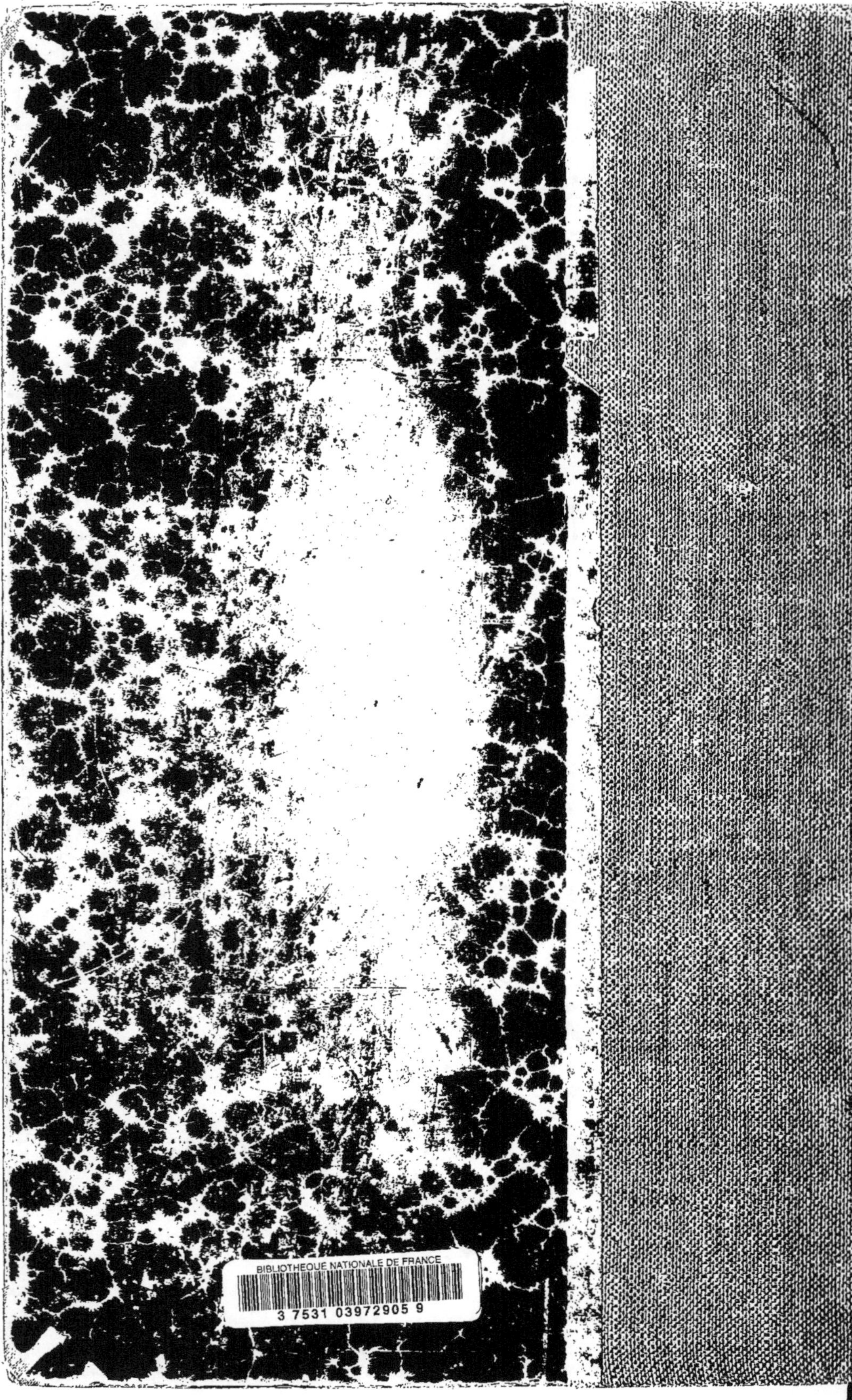

www.ingramcontent.com/pod-product-compliance
Ingram Content Group UK Ltd.
Pitfield, Milton Keynes, MK11 3LW, UK
UKHW020934120726
13693UKWH00003B/1318